W0288663

Hans-Peter Richter

BGB
Allgemeiner Teil

COPYRIGHT: Richter-Verlag
Hans-Peter Richter
Paul-Schroeder-Straße 18
24229 Dänischenhagen
Tel. 04349-1725
Fax 04349-571
e-mail: RICHTER-VERLAG@t-online.de
Website: www.Richter-Verlag.de

Druck und Verarbeitung: Druckerei Schmidt & Klaunig, Kiel

Alle Rechte vorbehalten. Nachdruck, Verwertung, auch auszugsweise, jegliche photomechanische Wiedergabe etc. nur mit ausdrücklicher Zustimmung des Verlegers.

Weitere Bücher dieser Reihe sind erhältlich über den Buchhandel oder direkt vom Verlag.

21. Auflage 2010

ISBN 978-3-935150-00-2

Vorwort zur 20. Auflage

Der vorliegende Band 1 der ***JURISTISCHEN GRUNDKURSE***, heute allgemein auch bekannt als ***RICHTER-Skripten***, hat nun die stolze 20.Auflage erreicht.

Das Konzept:

1. in knapper Form verständlich, aber nicht zu flach (Sie sollen ja schließlich auch die Klausur bestehen) wird der Stoff aufbereitet. Leider ist das schon so viel, dass ein vielleicht wünschenswerter noch geringerer Umfang ohne Qualitätsverlust einfach nicht realisierbar und auch ein größeres Schriftbild in dem gegebenen Platzrahmen ohne inhaltliche Abstriche nicht möglich ist!
2. anhand nicht sehr komplizierter Basisfälle wird der Stoff in der Anwendung geübt und die gutachtliche Lösung gibt ein anschauliches Bespiel für mögliches Formulieren in einer Klausur.
3. die Wiederholungsfragen dienen der Selbstkontrolle hinsichtlich des dargestellten Stoffes.
4. Ferner bietet das Skript Klausurtipps und weiterführende Literaturhinweise.

Das Konzept einer solchen Skriptenreihe war einzigartig bei deren Erscheinen auf dem Markt vor mehr als 20 Jahren. Und wie bei guten Ideen üblich – haben sich in der Zwischenzeit viele gleichartige Konkurrenzprodukte auf den Markt gewagt. Wir sehen dies als Lob und Beweis für die Wertigkeit unseres Konzepts. Wir danken deshalb unseren Mitwettbewerbern ausdrücklich für diese Art der Annerkennung.

Wichtiger ist uns aber die ungebrochene positive Rückmeldung durch unsere Leser, und die Vielzahl der Neukunden, die auf unsere Reihe zurückgreifen. Vielen Dank.

Da es aber nichts gibt, was man nicht noch verbessern könnte, freuen wir uns über jede Anregung und Kritik zu der hier vorliegenden überarbeiteten 20. Auflage.

Hans-Peter Richter, im Januar 2008

Vorwort zur 21. Auflage

Schon wieder ist eine Auflage vergriffen. Das gibt uns die Gelegenheit den Anregungen unserer Leser zu folgen und das Design des Umschlags zu ändern. Der Inhalt wurde auch durchgesehen und an einigen Stellen etwas verändert – das bewährte Konzept blieb natürlich bestehen. Bis zur 22. Auflage...

Hans-Peter Richter, im März 2010

INHALTSÜBERSICHT

Erstes Kapitel

Einführung, allgemeine Grundlagen und Grundbegriffe des BGB

Einleitung

Warum dieses Buch?

Das Angebot an Lehr- und Lernbüchern und sog. Skripten ist inzwischen nahezu unüberschaubar. Wie sollen sich also Studierende orientieren, die einen Einstieg in das Sachenrecht suchen?

Während die Professoren überwiegend das klassische Lehrbuch empfehlen (am Liebsten natürlich das eigene!) und alle Arten von Skripten verteufeln, greifen Studierende zu Recht lieber zu leichterer und preiswerterer Kost. Diesem Bedürfnis der Studierenden nach einer knappen aber ausreichenden Darstellung trägt dieser *Grundkurs BGB Allgemeiner Teil* Rechnung. Es werden die **wesentlichen Grundzüge des Allgemeinen Teils des BGB verständlich erläutert** und an einfachen **Fällen** veranschaulicht. Durch **Wiederholungsfragen** wird schließlich eine Lernkontrolle ermöglicht.

So können Studierende wegen des überschaubaren Umfangs und der leicht nachvollziehbaren Art der Darstellung die wesentlichen Grundlagen des Stoffs **in kurzer Zeit erarbeiten**.

Um diesem Anliegen gerecht zu werden, wurde bewusst auf die Verarbeitung von Literatur und Rechtsprechung in Form von Zitaten weitgehend verzichtet und die sprachliche wie gedankliche Ausgestaltung sind ebenfalls diesem Zweck angepasst, um so ein möglichst unproblematisches Durcharbeiten zu gewährleisten.

Der Stoff wird nur soweit vertieft wie es nötig ist, so dass der "rote Faden" zum ersten Verständnis erhalten bleibt. Dementsprechend werden Streitstände und abweichende Ansichten nur an unumgänglichen Stellen erwähnt (auch wenn dabei bewusst die sog. "Wissenschaftlichkeit" des Werkes auf der Strecke bleibt!).

Dieses Buch will und kann das "klassische Lehrbuch" oder eine ***gute*** Vorlesung nicht ersetzen sondern es soll diese Lehrangebote ergänzend vorbereiten.

Die Gebrauchsanweisung für dieses Buch

Das Buch enthält jeweils drei große Blöcke:

1. Stoffvermittlung
2. Fallbearbeitung
3. Wiederholung / Lernkontrolle

Die **Stoffvermittlung** enthält eine straffe Darstellung der wesentlichen Grundzüge des zu behandelnden Stoffes.

In der **Fallbearbeitung** wird die Anwendung dieses Stoffes auf einen einfachen Fall geübt.

Die **Lernkontrolle / Wiederholung** erfolgt anhand von Fragen zum vorangegangenen Stoff. Die stichwortartigen Antworten sollte man zunächst für eine ernsthafte Selbstkontrolle abdecken.

Zu Beginn sollte der Leser den jeweiligen Stoff gründlich erarbeiten, d.h. der Stoffteil muss gelesen, verstanden und gelernt werden! Sodann ist der Bearbeitungsfall selbständig zu lösen und anschließend mit der Musterlösung zu vergleichen. Am Ende des Kapitels sollen die Wiederholungsfragen unbedingt beantwortet werden.

Hat man auf diese Weise Kapitel für Kapitel durchgearbeitet, empfiehlt es sich, in einem zweiten Durchgang zunächst noch einmal die Fälle selbständig zu lösen. Auch die Wiederholungsfragen sollte man nochmals beantworten (aufschreiben, welche Fragen nicht gewusst wurden und im Stoffteil des Buches nacharbeiten!). Soweit Literaturangaben vorhanden sind, sollte der Leser diese vertiefende Literatur nunmehr durcharbeiten. Konnten die Wiederholungsfragen nicht beantwortet werden, sollten diese zum Schluss nochmals bearbeitet werden. Auf diese Weise ist ein optimaler Lerneffekt gewährleistet.

Die mit **LIT** gekennzeichneten Stellen enthalten Hinweise auf weiterführende Literatur.

Die Arbeit der Studierenden

Regelmäßig beginnen Studierende das Studium an der Universität im Bereich des BGB mit der Erarbeitung des BGB, Allgemeiner Teil. Das ist nicht unproblematisch, weil gerade dies der abstrakteste Teil des BGB ist, denn die dortigen Regeln sollen eine möglichst große Vielzahl von Fällen erfassen, die den verschiedensten Bereichen zuzuordnen sind. Verständlich werden die Vorschriften des Allgemeinen Teils meist erst in Verbindung mit denen aus den anderen Büchern des BGB.

Das Lernziel besteht nun aber nicht nur aus der dogmatischen Erfassung und Durchdringung des dargelegten Stoffes "Recht", sondern es sollte zumindest auch im Erlernen der Anwendung dieses Stoffes auf Fälle liegen. Ob in den Leistungsnachweisen während des Studiums, im Examen oder später in der Praxis, stets wird der Jurist mit einem Fall konfrontiert, den er zu bearbeiten und zu lösen hat.

Die Arbeit der Studierenden sollte daher zwei Bereiche umfassen: Erfassung des Stoffes und dessen Anwendung auf vorgegebene Fälle. Aus dieser Aufgabenstellung folgt auch der Aufbau dieses Skriptums.

Der vorliegende erste Band, BGB - Allgemeiner Teil, stellt einmal die elementaren Grundzüge des Allgemeinen Teils des BGB dar. Wenig relevantere Bereiche (z. B. Vereins-, Stiftungs- und Namensrecht usw.) bleiben stofflich weitgehend unbehandelt und sollten durch Lehrbücher zumindest im Überblick zu späterer Zeit im Eigenstudium erarbeitet werden. Der abstrakte Stoff wird sodann in Falllösungen und Beispielfällen angewendet. Dabei soll gezeigt werden, wann und wo die jeweilige Frage innerhalb eines Falles Bedeutung erlangt. Bei den Musterlösungen wird vor allem gezeigt, wie die Frage systematisch sauber in die Lösung einzuarbeiten ist. Daneben sollen die Falllösungen ganz allgemein die Technik und Methodik der Fallbearbeitung vermitteln.

Da der Stoff des Allgemeinen Teils des BGB sich isoliert kaum anhand von Fällen erläutern lässt, wird er zusammen mit den grundlegenden Normen des Schuldrechts und des Sachenrechts in den Falllösungen dargestellt. Dadurch ergibt sich neben einer eingehenden Behandlung des Allgemeinen Teils gleichzeitig die Vermittlung von Grundbegriffen des Schuldrechts und des Sachenrechts, so dass man insoweit auch von einem Grundkurs im BGB innerhalb dieses Skriptums sprechen kann.

Die Literaturhinweise dienen der Vertiefung des Stoffes oder der Erschließung von im Skriptum nicht dargestellten Bereichen.

Allgemeine Grundlagen

Kurzer Überblick über die Entstehungsgeschichte des BGB

Das BGB in seiner heutigen Form trat am 01.01.1900 in Kraft. Der Reichstag hatte es 1896 verabschiedet. Zur Schaffung des BGB kam es, weil durch die Reichsgründung 1871 die Basis für ein einheitliches Privatrecht geschaffen war. 1874 setzte man die erste Kommission zur Schaffung eines Entwurfes eines Bürgerlichen Gesetzbuches ein, die 1888 in den sog. **Motiven** ihre Arbeit darlegte.

Aufgrund der Kritik an diesem ersten Entwurf kam es 1890 zur Bildung einer zweiten Kommission. Die Ergebnisse dieser Kommission wurden dann später als **Protokolle** veröffentlicht. Der dritte Entwurf stellte lediglich noch die Umarbeitung des zweiten Entwurfs dar und verfolgte den Zweck, eine Reichstagsvorlage zu schaffen. Der Reichstag nahm dann auch noch einige kleine Änderungen vor.

Vorläufer des BGB waren diverse Landesgesetze, die mehr oder minder stark das Zivilrecht kodifiziert hatten. Bekanntestes Beispiel war wohl das Allgemeine Landrecht für die Preußischen Staaten von 1794. Aber auch Bayern, Rheinland, Baden und Sachsen verfügten über vollständige Kodifikationen des Zivilrechts.

Der Standort des BGB im Rechtssystem der Bundesrepublik

Das gesamte Recht zerfällt in zwei größere Bereiche: das **Privatrecht** und das **öffentliche Recht**. Aufgrund traditioneller Aufteilung wird das Strafrecht, eigentlich ein Teil des öffentlichen Rechts, stets so behandelt, als sei es eine dritte, selbständige Materie. Auf dieser Dreiteilung basiert auch die traditionelle Universitätsausbildung. Das in diesem Buch erörterte Bürgerliche Recht gehört zum Privatrecht. Dieses seinerseits zerfällt in das BGB (Allgemeines Privatrecht) und das Besondere Privatrecht. Die Regelungen im Besonderen Privatrecht haben fragmentarischen Charakter, d. h. sie treffen nur einige Sonderregeln für den jeweiligen Bereich, in dem sie Geltung erlangen sollen. Soweit in diesen Gesetzen eigenständige Normierungen fehlen, gilt sozusagen als "Lückenfüller" das BGB. Dahinter verbirgt sich ein sehr **wichtiger methodischer Grundsatz**:

die speziellere Regelung
verdrängt die allgemeinere Regelung,
allerdings nur soweit der Regelungsbereich der spezielleren Norm reicht.

Die nachstehend im Überblick dargestellte Aufteilung hat auch praktische Relevanz, entscheidet doch die Einordnung bestimmter Fragen z. B. über die sachliche Zuständigkeit von Gerichten (Zivil-, Verwaltungs-, Straf- oder anderen Gerichten).

Grober Überblick über die Stellung des Gesellschaftsrechts im Gesamtrechtssystem

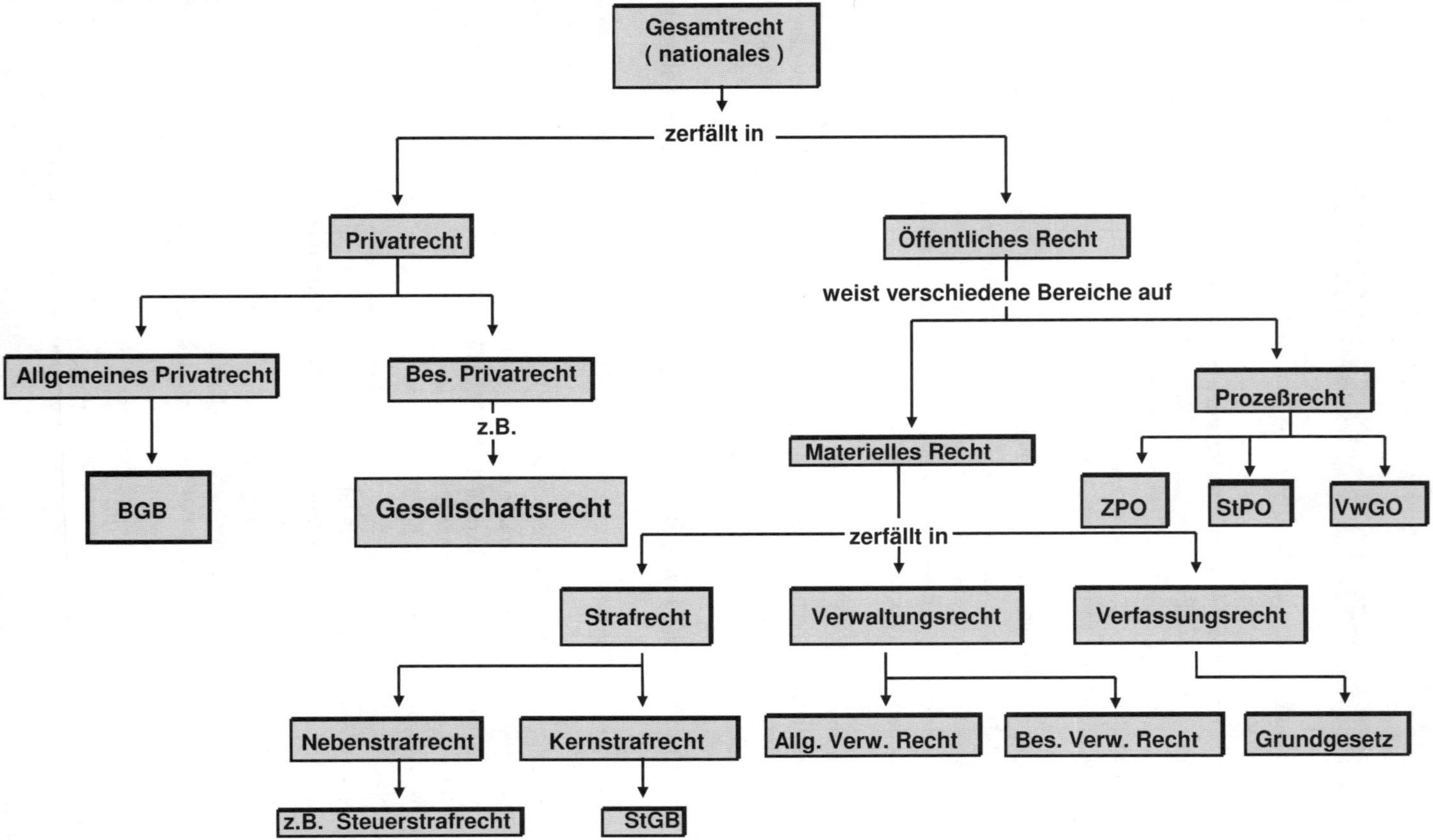

Die Systematik des BGB

Das BGB ist in
fünf Bücher aufgeteilt:

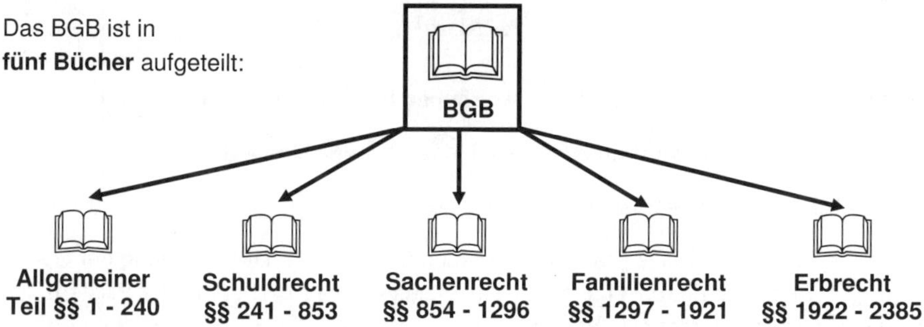

Während im zweiten bis fünften Buch besondere Rechtsverhältnisse geregelt werden, weist der Allgemeine Teil solche Normen auf, die grundsätzlich für alle anderen Bücher (2. - 5.) des BGB gleichermaßen gelten. Der Gesetzgeber hätte die Vorschriften des Allgemeinen Teils auch jedem der Bücher selbst voranstellen können, hat aber das ökonomische Prinzip des "vor die Klammerziehens" gewählt. Dahinter stand das Bestreben, das Gesetzeswerk möglichst knapp und klar zu halten und Wiederholungen zu vermeiden.

Freilich gibt es an den verschiedensten Stellen in den anderen Büchern Vorschriften, die die gleiche Materie wie entsprechende Paragraphen im Allgemeinen Teil regeln. Der Gesetzgeber war dort dann der Ansicht, dass für diesen speziellen Bereich eine vom Grundsatz des Allgemeinen Teils abweichende Regelung erforderlich sei. Mit der Schaffung einer außerhalb des Allgemeinen Teils liegenden Norm hat er insoweit dessen allgemeine Grundsätze verdrängt, denn die speziellere Norm verdrängt die allgemeinere.

Reformen des BGB

Leider blieb auch das BGB nicht von Reformen verschont. Grundlegend wurde schon vor längerer Zeit das Familienrecht reformiert, was zu jahrelangen Problemen in der Rechtsanwendung führte.

Zum 1.1.2002 kam die lange angekündigte Schuldrechtsreform. Dabei nahm man einige notwendige Ergänzungen zum Anlass, das Schuldrecht insgesamt neu zu gestalten. Die Neuregelungen sind für moderne Gesetzgebungstechnik gut gelungen (wenn man es z.B. mit den traurigen Gesetzgebungsversuchen im Steuerrecht vergleicht). Das neue Schuldrecht ist sehr systematisch, arbeitet jedoch mit einer Vielzahl von Verweisungen, was das erstmalige Verständnis nicht eben erleichtert. Aber: hat man die Systematik erst einmal verstanden, ist alles wegen des logischen Aufbaus sehr einfach zu beherrschen!

Grundbegriffe im BGB

Personen

Man unterscheidet im BGB zwischen **natürlichen** und **juristischen Personen**.

Natürliche Person ist jeder lebende Mensch

Die **natürlichen Personen** sind in §§ 1 - 12 geregelt

Wesentliches Element einer natürlichen Person ist, dass sie mit Vollendung der Geburt gem. § 1 **Rechtsfähigkeit** erlangt. Diese Rechtsfähigkeit und damit die Existenz der natürlichen Person endet mit dem Tod.

Die **juristische Person** ist ein Gebilde mit eigener Rechtspersönlichkeit und eigener Rechtsfähigkeit. Nicht die an ihr beteiligten oder zusammengeschlossenen Personen sind Träger der Rechte und Pflichten, sondern die juristische Person selbst.

Während es der natürlichen Person eigen ist, handlungsfähig zu sein, kann die juristische Person **selbst nicht handeln**. Vielmehr muss sie durch ihre **Organe** handeln.

Man unterscheidet zwischen **juristischen Personen des privaten** und des **öffentlichen Rechts**.

Zu den juristischen Personen des **öffentlichen Rechts** gehören **Körperschaften, Anstalten** und **Stiftungen**. Näheres dazu im öffentlichen Recht.

Zu den juristischen Personen des **privaten Rechts** zählen ebenfalls Körperschaften und Stiftungen. Körperschaften sind u.a. der **Verein, die AG, die GmbH, die Genossenschaft**.

Der **Verein** ist in §§ 21 ff geregelt. Er ist quasi die Grundform aller juristischen Personen. Beim sogenannten Idealverein, § 21, tritt Rechtsfähigkeit mit Eintragung ins Vereinsregister ein. Dagegen erlangt der wirtschaftliche Verein, § 22, Rechtsfähigkeit mit Verleihung.

Die **Aktiengesellschaft** (AG) ist eine Gesellschaft mit eigener Rechtspersönlichkeit, deren Gesellschafter durch Einlagen am Grundkapital der Gesellschaft, das in Aktien aufgeteilt wurde, beteiligt sind. Die Gesellschafter haften nicht persönlich für Verbindlichkeiten der Gesellschaft, sondern nur im Rahmen ihrer durch Aktienerwerb geleisteten Anteile.

Die **Gesellschaft mit beschränkter Haftung** (GmbH) ist ebenfalls eine Gesellschaft mit eigener Rechtspersönlichkeit, deren Gesellschafter mit einem ihrer Stammeinlage entsprechenden Gesellschaftsanteil am Stammkapital beteiligt sind. Auch sie haften den Gläubigern der Gesellschaft grundsätzlich nicht persönlich.

Bei der **Genossenschaft** (eG) handelt es sich ebenfalls um eine Gesellschaft mit eigener Rechtspersönlichkeit, die dazu dient, die Einzelwirtschaften ihrer Mitglieder zu fördern.

Stiftungen sind in §§ 80 ff geregelt und werden durch ein sogenanntes Zweckvermögen geprägt. Dieses muss zur Erreichung eines dauernden Zweckes eingesetzt werden und zu diesem Zweck muss die Einrichtung errichtet worden sein. Es gibt gemeinnützige Stiftungen und Familienstiftungen.

Zu unterscheiden von den juristischen Personen sind die verschiedenen Arten **nicht rechtsfähiger Personenvereinigungen**.

Hierzu zählen **Personengesellschaften**, nicht rechtsfähiger Verein, Erbengemeinschaft usw. Bei den Personengesellschaften haben besondere Bedeutung die Offene Handelsgesellschaft (OHG), vgl. §§ 105 ff HGB, die Kommanditgesellschaft (KG), vgl. §§ 161 ff HGB und die Gesellschaft bürgerlichen Rechts (GbR), vgl. §§ 705 ff. Der nicht rechtsfähige Verein, z.B. Gewerkschaften, ist in § 54 geregelt.

Näheres zu Personen - und Kapitalgesellschaften im Band 24, *Gesellschaftsrecht*.

Die Rechtsfähigkeit

Die Rechtsfähigkeit beschreibt die Fähigkeit einer Person, Träger von Rechten und Pflichten zu sein

Sie beginnt für natürliche Personen grundsätzlich gem. § 1 mit Vollendung der Geburt und endet mit dem Tod. Nur ausnahmsweise kann in bestimmter Hinsicht Rechtsfähigkeit bereits vor Vollendung der Geburt eintreten, z. B. im Hinblick auf das Erbrecht nach § 1923.

Die Handlungsfähigkeit

Die Handlungsfähigkeit beschreibt die Fähigkeit, Rechte wirksam zu begründen, sie aufzuheben oder zu ändern. Man unterscheidet insoweit zwischen Geschäftsfähigkeit einerseits und Deliktsfähigkeit andererseits. Während die Geschäftsfähigkeit die Fähigkeit beschreibt Rechtsgeschäfte abzuschließen, vgl. dazu unten Kapitel 4, beschreibt die Deliktsfähigkeit die Fähigkeit, im Rahmen der §§ 823 ff zivilrechtlich für einen Schaden zur Verantwortung gezogen zu werden, siehe dazu Band 4, Schuldrecht BT 1.

Beachten Sie: Hiervon ist die Strafmündigkeit des StGB, die stets mit dem vollendeten 14. Lebensjahr beginnt, zu unterscheiden!

Sachen und Tiere

Der Begriff der **Sachen** hat in §§ 90 ff eine Regelung erfahren. § 90 regelt hierzu:

Sachen sind alle körperlichen Gegenstände

Das Gesetz unterscheidet zwischen vertretbaren und nicht vertretbaren Sachen.

Vertretbare Sachen sind nach § 91 solche, die nach Maß, Zahl oder Gewicht üblicherweise bestimmt werden. Daher fallen hierunter Geld, alle gleichförmigen Massenartikel, Serienprodukte usw.

Im Übrigen finden sich in den §§ 92 ff noch weitere Begriffsbestimmungen für den Bereich der Sachen, so unter anderen: wesentliche Bestandteile (§§ 93, 94), Scheinbestandteile (§ 95), Zubehör (§ 97), Früchte (§ 99), Nutzungen (§ 100), die jedoch vorwiegend im Sachenrecht Bedeutung erlangen und daher auch dort näher besprochen werden.

Siehe dazu näher: RÜTHERS-Stadler, BGB Allg. Teil, § 11, Rn.11 ff ;
RICHTER, JURISTISCHE GRUNDKURSE, Band 6, Sachenrecht 1.

Für **Tiere** gilt § 90a. Sie gelten zwar nicht als Sachen, aber die Vorschriften über Sachen sind auf sie grundsätzlich entsprechend anwendbar, sofern dem keine spezielleren Vorschriften entgegenstehen, wie z.B. Vorschriften aus Tierschutzgesetzen.

Wiederholungsfragen zum 1. Kapitel

1. Wann trat das BGB in Kraft?	Am 01.01.1900
2. In welche beiden großen Bereiche zerfällt das gesamte Rechtssystem?	Öffentliches Recht und Privatrecht
3. Skizzieren Sie den Standort des BGB!	Siehe dazu die Übersicht Seite 4
4. Welche Funktion erfüllt das BGB gegenüber anderen Bereichen des Privatrechts?	Allgemeine Grundsätze, die stets zur Anwendung kommen, wenn die anderen Vorschriften insoweit keine Regelungen enthalten.
5. Aufteilung des BGB?	In fünf Bücher
6. Nennen Sie die Teile des BGB!	Allgemeiner Teil, Schuldrecht, Sachenrecht, Familienrecht, Erbrecht.
7. Welche Funktion hat der Allgemeine Teil des BGB?	Enthält jene Vorschriften, die auch für alle anderen Bücher gelten.

2. Kapitel
Methodik und Technik der Fallbearbeitung

Viele, vielleicht allzu viele Bücher sind bereits zu diesem Thema geschrieben worden. Das kann aber nicht darüber hinweg täuschen, dass es **nicht möglich ist**, dieses Anliegen abstrakt und in wohlgeformten Sätzen zu erfassen, geschweige denn zu erlernen. Daher soll hier auch nicht die juristische Methodenlehre, sondern es soll lediglich das unumgängliche "Handwerk der Fallbearbeitung" vermittelt werden. Dazu bedarf es vor allem der Übung am Fall, d. h. es müssen immer wieder **eigene Falllösungen** erarbeitet werden. Nur aus den Fehlern und der Auseinandersetzung mit den dabei auftauchenden Problemen kann man sich nach und nach die Technik und Methodik erschließen und so zu einer sicheren Beherrschung jenes "Handwerks" gelangen. Freilich bedarf es dazu der Grundkenntnis verschiedener elementarer und **zu lernender Regeln**. Deren wichtigste sollen nachfolgend dargestellt werden, doch auch an vielen anderen Stellen im Buch erfolgen weitere Hinweise zur Fallbearbeitungstechnik und Methodik.

Bevor man mit der schriftlichen Ausarbeitung einer Falllösung beginnt, sind zunächst einige **Vorüberlegungen** anzustellen.

1. Erfassen des Sachverhaltes
2. Ausdeuten (= Auslegen ⟹ Verstehen!) der Fallfrage
3. Aufsuchen der einschlägigen Anspruchsgrundlagen

1. Erfassen des Sachverhaltes
Der Sachverhalt ist gründlich durchzulesen, inhaltlich voll und richtig! zu begreifen, so dass man weiß, worum es geht und welche Personen beteiligt sind. Bei umfangreicheren Sachverhalten empfiehlt es sich, eine kleine Skizze anzufertigen.
Sollte der Sachverhalt durch **Bearbeitungshinweise** ergänzt sein, sind diese unbedingt zu beachten, denn oft wird dort der Prüfungsumfang (und damit der Aufgabenumfang) eingeschränkt, so kann dort insbesondere aufgeführt sein, dass einzelne Normen nicht zu erörtern sind usw.

2. Ausdeuten der Fallfrage
Am Ende des Sachverhaltes findet man üblicherweise die Fallfrage, die angibt, welche Aufgabe der Bearbeiter zu lösen hat.

Es kann sich dabei um eine eindeutige konkrete Frage handeln, - z.B.: *Hat A Anspruch auf Zahlung des Kaufpreises?* - Es kann aber auch allgemein nach den Ansprüchen einer Person gefragt sein, z.B.: *Ansprüche des A?* - Schließlich kann auch gefragt sein: *Wie ist die Rechtslage?* Dann gilt es, Rechtsbeziehungen aller Beteiligten zueinander zu untersuchen. - Oft ist die Fallfrage in Beziehung zu dem vorangegangenen Text zu setzen, so auch hier, wo man ausformulieren könnte: *erhebt E zu Recht den Anspruch auf Herausgabe?*

TIPP: es kann sinnvoll sein, zuerst die Fallfrage und evtl. Bearbeitungshinweise und dann den Sachverhalt zu lesen, denn dann erfasst man den Sachverhalt schon im Hinblick auf die Aufgabenstellung.

Aus der Fallfrage entnimmt man vor allem, welches **Anspruchsziel** verfolgt wird. Dies ist wichtig für die dritte Vorüberlegung.

3. Aufsuchen der einschlägigen Anspruchsgrundlagen

Meist ist in einem Fall nach Ansprüchen von einer oder mehreren Personen gefragt. Für jeden, der Ansprüche gegen einen anderen hat (oder zu haben glaubt), muss irgendwo im Gesetz eine Vorschrift existieren, die abstrakt besagt, dass ein derartiger Anspruch besteht. Eine solche Norm ist damit die rechtliche Basis oder Grundlage für den Anspruch und wird daher als Anspruchsgrundlage bezeichnet. Es gilt daher, **alle ernsthaft in Betracht kommenden Anspruchsgrundlagen** aus dem Gesetz herauszusuchen. Dazu geht man wie folgt vor:

1. Schritt: feststellen, was vom Anspruchsteller begehrt wird – ergibt sich aus dem bereits herausgearbeiteten **Anspruchsziel!**

2. Schritt: suchen nach einer Norm**, in deren Rechtsfolge dieses Begehren genannt, also erfüllt wird.**

Dazu muss man die Norm in Voraussetzungen und Rechtsfolge zerlegen. Die Voraussetzungen beschreiben, was erfüllt sein muss, damit die beschriebene Folgerung gezogen werden kann – und diese muss dem Anspruchsziel inhaltlich gerecht werden!

***Bsp.**: Rechtsfolge des § 985 ist "Herausgabe der Sache". Begehrt der Anspruchsteller also die Herausgabe einer Sache, entsprechen sich dieses Anspruchsziel und die Rechtsfolge der Norm. Folglich ist dies die zutreffende Anspruchsgrundlage.*

Anspruchsgrundlagen in den Gesetzen zu finden, ist nicht immer einfach. Vom Wortlaut her erkennt man sie an Formulierungen wie: *..hat zu.. ..muss.. kann verlangen.. ..ist verpflichtet zu.. usw.*- Gemeinsam ist all jenen Vorschriften, die als Anspruchsgrundlagen bezeichnet werden, dass sie (wie fast alle Normen) in zwei Teile zerlegbar sind: **Rechtsfolge und Tatbestandsvoraussetzungen**. Auf der Rechtsfolgeseite wird oft die eine Partei zu einem Verhalten verpflichtet, oder der anderen Partei wird das Recht gegeben, etwas zu verlangen. Man findet Anspruchsgrundlagen im Gesetz z. B. über das **Schlagwortregister** oder indem man in dem **jeweiligen Sachbereich**, z.B. Kaufrecht, Miete, Werkvertrag, nachschlägt.

Es gibt allein im BGB eine kaum überschaubare Vielzahl solcher Anspruchsgrundlagen, so dass es dem Anfänger meist Schwierigkeiten bereitet, festzustellen, wo sich die Vorschriften finden und ob eine Norm Anspruchsgrundlage ist. In diesem Buch werden einige wesentliche Anspruchsgrundlagen verschiedener Bereiche des BGB besprochen.

Hat man die Anspruchsgrundlage(n) gefunden, so sind diese **an den Beginn der schriftlichen Prüfung** zu stellen.

Da bei Ansprüchen regelmäßig mindestens zwei Personen beteiligt sind, hat man daneben auch das **Anspruchsverhältnis** zu nennen, denn nur so weiß der Leser, um wessen Belange es eigentlich geht.

Schließlich muss noch dargelegt werden, was die eine Partei von der anderen verlangt. Dies bezeichnet man als den **Anspruchsinhalt** oder Anspruchsgegenstand.

Damit ergibt sich der **Einleitungssatz** (auch Hypothese genannt), mit dem jede Prüfung im Zivilrecht beginnt. Er lässt sich als **abstrakter Merksatz** so festhalten:

Wer (Anspruchsteller) verlangt
von wem (Anspruchsgegner)
was (Anspruchsinhalt)
woraus (Anspruchsgrundlage)

Einführungsfall :
B ist im Besitz eines Autos, das dem E gehört. E verlangt die Herausgabe des Wagens von B. Zu Recht?

Nach den Vorüberlegungen kommt man zu § 985 als möglicher Anspruchsgrundlage. Der abstrakte Merksatz (oben) wird konkretisiert, also auf den Fall bezogen. Da dies alles jedoch nicht feststeht, sondern gerade erst untersucht werden soll, formuliert man **konjunktivisch**. Übertragen auf den obigen Fall sähe das so aus:

E könnte gegen B einen Anspruch auf Herausgabe des Autos aus § 985 haben
(Wer) (von wem) (was) (woraus)

Daran schließt sich dann die Prüfung an, **ob** E auch tatsächlich einen solchen Anspruch hat, indem man die Voraussetzungen des § 985 durchprüft. Auch dies geschieht in einer im Grundsatz festumrissenen Methode. Dabei geht man in mehreren, voneinander trennbaren Schritten vor.

1. Schritt
Man zeigt zunächst auf, was erfüllt sein müsste, indem man das erste Tatbestandsmerkmal aufgreift. Tatbestandsmerkmale in diesem Sinne sind alle im Gesetz genannten Umstände, die den **Tatbestandsvoraussetzungen** zuzurechnen sind. Im vorliegenden Fall wären dies *Sache, Besitzer, Eigentümer*.

Es werden nun die Merkmale jedes für sich untersucht, also hier zunächst *Sache*. Sie formulieren daher: ***Dann müsste es sich bei dem Auto um eine Sache handeln.***

2. Schritt
Sie haben nun zu untersuchen, ob das Auto eine Sache ist. Dazu ist zunächst einmal der zu untersuchende Begriff näher zu beschreiben, also zu definieren. **Definitionen** finden sich entweder im Gesetz oder man kann sie aus dem Gesetz folgern oder sie sind durch Rechtsprechung und Lehre entwickelt worden. Hier gibt es eine Definition in § 90, sie folgt also ausdrücklich aus dem Gesetz.
Man formuliert daher: ***Gem. § 90 sind Sachen alle körperlichen Gegenstände***.

3. Schritt:
Nunmehr gilt es, das betreffende Stück des **Sachverhaltes** herauszuarbeiten, das man im Hinblick auf die Sacheigenschaft untersucht. Man schreibt dann den betreffenden Sachverhaltsteil in knapper, aber präziser Form nieder. Im vorliegenden Fall wäre dies die Tatsache, dass es sich um ein Auto handelt.
Man formuliert daher: ***Hier handelt es sich um ein Auto***.

4. Schritt:
Nunmehr folgt die eigentlich wichtige, entscheidende und oftmals schwierige Aufgabe des Juristen, festzustellen, ob dieser konkrete Sachverhalt von dem abstrakten Begriff - Tatbestandsmerkmal - des Gesetzes erfasst, abgedeckt wird. An dieser Stelle liegt die Hauptarbeit des Juristen, gilt es doch Sachverhalt und Reichweite der Vorschrift zu ermitteln und zu argumentieren, warum man eine solche Deckungsgleichheit mit dem Sachverhalt bejaht oder verneint.

Man könnte hier also formulieren: ***Bei einem Auto handelt es sich um einen Gegenstand, den man anfassen kann, der Konturen und Umrisse aufweist, also all das, was man typischerweise unter einem körperlichen Gegenstand versteht. Damit ist das Auto ein körperlicher Gegenstand.***

5. Schritt:
Nachdem man die Deckungsgleichheit zwischen Sachverhalt und Tatbestandsmerkmal festgestellt hat, gilt es, abschließend nur noch die im ersten Schritt aufgeworfene Frage zu beantworten: ***Folglich ist das Auto eine Sache.***

Entsprechend sind dann die weiteren Tatbestandsmerkmale der Anspruchsgrundlage zu behandeln.

1. Schritt (bzgl. *Besitzer*): Man könnte formulieren:
Weiter müsste B Besitzer dieser Sache sein.

2. Schritt: Für den "Besitzer findet sich im Gesetz keine unmittelbare Definition. § 854 Abs.1 beschreibt jedoch, wie man den Besitz erlangt. Daraus kann man entnehmen, unter welchen Voraussetzungen eine Person Besitzer ist. Man kann daher formulieren:

Aus § 854 Abs.1 ergibt sich, dass Besitzer derjenige ist, der über eine Sache die tatsächliche Sachherrschaft ausübt.

3. Schritt: ***Das Auto befindet sich offenbar bei B.***

4. Schritt: ***Daraus lässt sich folgern, dass eine Situation vorliegt, in der B vermutlich auch die tatsächliche Sachherrschaft ausübt.***

5. Schritt: ***Folglich ist B Besitzer der Sache.***

1. Schritt (bzgl. *Eigentümer*): ***Schließlich müsste E Eigentümer des Autos sein***.

2. Schritt: Problematisch ist hier, eine Definition des Eigentümers zu finden. **Falsch** wäre es, auf § 903 abzustellen, da dieser lediglich beschreibt, welche Befugnisse jemand hat, bei dem man bereits festgestellt hat, dass er Eigentümer ist. Auch ein Umkehrschluss aus § 903 verbietet sich, da nicht jeder, der mit einer Sache nach Belieben verfahren kann, deshalb deren Eigentümer ist. Aus der Vielzahl der von Rechtsprechung und Lehre entwickelten Definitionen des Eigentümers könnte man zusammenfassend diesen als denjenigen beschreiben, dem von der Rechtsordnung die rechtliche Herrschaftsmacht über eine Sache zugewiesen ist. Mit dieser Definition ist freilich in der Falllösung nicht viel gewonnen. Es lässt sich kaum aus einem "Papiersachverhalt" entnehmen, ob die Rechtsordnung nun gerade dieser Person die rechtliche Herrschaftsmacht zugewiesen hat. Eingebürgert hat sich daher für die Lösung von derartigen Schulfällen, dass das Eigentum "historisch" geprüft wird. Man schaut dazu an den Beginn des Sachverhaltes und stellt fest, wer (vermutlich) ursprünglich Eigentümer der jeweiligen Sache war. Dies ist in der Regel derjenige, der zum Zeitpunkt des Sachverhaltsbeginnes im Besitz der Sache war (Argument aus § 1006!). Man hat in diesem Zusammenhang lediglich zu schauen, ob der Sachverhalt gegenteilige Hinweise gibt. Sodann prüft man den weiteren Verbleib des Eigentums, indem man fragt, ob der ursprüngliche Eigentümer evtl. sein Eigentum verloren hat. So verfolgt man, wo das Eigentum schließlich "gelandet ist". Damit weiß man dann auch, wer zum Zeitpunkt der Falllösung Eigentümer ist.

Ein anderes Vorgehen hinsichtlich des Eigentums ist allerdings dann zulässig, wenn in einem Fall wie hier ausreichende Hinweise auf die Eigentumslage sich unmittelbar aus dem Sachverhalt ergeben. Dann kann man auf diese Darstellung im Sachverhalt zurückgreifen, sofern keine gegenteiligen Anhaltspunkte gegeben sind.

In jedem Falle zeigt sich, dass hier von dem oben aufgezeigten Subsumtionsschema abgewichen wird. Es fehlt praktisch völlig der Definitionsschritt!

Vielfach wird auch folgende Def. verwandt: *Eigentümer ist, wer das Eigentum an der Sache erworben und nicht wieder verloren hat.* Allerdings bedarf es auch hier der Unterstellung, wer zu Beginn des Sachverhaltes das Eigentum inne hatte. Vorteil: das Schema der Subsumtion mit Definitionsschritt wird eingehalten.

3. Schritt: Man könnte hier daher formulieren: ***Aus dem Sachverhalt ergibt sich, dass das Auto dem E gehört.***

4. Schritt: ***Mangels anderer Angaben kann daraus entnommen werden, dass offensichtlich dem E das Eigentum am Fahrzeug zustand und immer noch zusteht.***

5. Schritt: ***Damit ist E Eigentümer des Fahrzeugs.***

Da nun alle drei Tatbestandsmerkmale geprüft und bejaht wurden, sind die **Tatbestandsvoraussetzungen sämtlich erfüllt** und damit kommt es zu der in § 985 angegebenen **Rechtsfolge**. Dieses Ergebnis hat man dann als Schlusssatz festzuhalten. Man formuliert daher:
Da alle Voraussetzungen des § 985 somit erfüllt sind, hat E gegen B einen Anspruch auf Herausgabe des Autos aus § 985.

Die vorstehend in fünf Schritten durchgeführte Arbeitsweise zur Falllösung bezeichnet man als **Subsumtion**.

Traditionell wird die Subsumtion in nur vier Schritten vorgenommen: Schritt drei und vier werden dabei zusammengefasst. In der Sache besteht daher also kein Unterschied zu dem vorstehenden Verfahren. Der Vorteil des zusätzlichen Schrittes liegt darin, dass der häufige Fehler, statt zu subsumieren nur den Sachverhalt wiederzugeben, so vermieden wird.

Abstrakt lässt sich die Subsumtion auch so darstellen:

1. Schritt: Aufwerfen und Darlegung der zu bearbeitenden Frage (meist ein Tatbestandsmerkmal der Anspruchsgrundlage)
2. Schritt: Definition des zu untersuchenden Merkmals
3. Schritt: Feststellung des Sachverhaltes
4. Schritt: Prüfung, ob Deckungsgleichheit zwischen Schritt 2 und 3 besteht (eigentliche Subsumtion).
5. Schritt: Aufzeigen des Ergebnisses, worin die Antwort auf die Frage des 1. Schrittes liegen muss.

Die ordentliche Subsumtion ist einer der Grundpfeiler juristischer Arbeit und muss unbedingt beherrscht werden

Nun kann dieses starre Schema in sehr klaren Fällen nicht nur umständlich, sondern teilweise sogar etwas absurd wirken. Dennoch: es wird zunächst bei den Falllösungen an diesem Grundschema festgehalten. Im Fortgang des Kurses sind dann freilich von diesem Schema an eindeutigen Stellen, die keiner weiteren Erörterung bedürfen, mehr und mehr Abstriche zu machen, aus sprachlichen Gründen Schritte zusammenfassen usw. Kaum jemals entfallen kann jedoch der eigentliche Subsumtionsschritt.

Das Gutachten

Sie haben oben in der Lösung gesehen, dass man zunächst eine Frage aufwarf, die es dann zu diskutieren galt und schließlich war ein Ergebnis zu formulieren. Diese Arbeitsweise, die von der Frage ausgehend schließlich den Schluss auf ein Ergebnis erbringt, bezeichnet man als Gutachten. Arbeiten im Universitätsstudium sind stets als Gutachten anzufertigen!

Der **Gegensatz zum Gutachten** ist das **Urteil**. Dieses stellt das Ergebnis voran und begründet es anschließend - gedanklich quasi der umgekehrte Weg, verglichen mit dem Gutachten.

Der **Gedankengang**, der für ein Gutachten erforderlich ist, bedingt auch einen dieser Gedankenführung angepassten Stil, den sog. Gutachtenstil. Dieser trägt dem schließenden, fortentwickelnden Charakter des Gedankengangs Rechnung und bringt dies mit typischen Worten zum Ausdruck wie: *also, demnach, somit, deshalb, daher, folglich, mithin* usw.

Demgegenüber drücken *denn, weil* usw. begründenden Charakter aus und sind daher für den Urteilstil typisch. Grundsätzlich hat der Urteilstil in Universitätsarbeiten keinen Niederschlag zu finden. Ausnahmen gelten nur insoweit, als es sich um klare, eindeutige Feststellungen handelt, Probleme dürfen nie als Urteil verfasst werden. Insbesondere der Anfänger sollte sehr vorsichtig mit der Ansicht sein, es handele sich um eine klare eindeutige Feststellung. Es gilt: im Zweifel lieber kurz gutachtlich darstellen.

Die Anforderungen, die an die äußere Form von Arbeiten zu stellen sind, können Sie **im Anhang** nachlesen. Weitere technische Hinweise zur Fallbearbeitung finden sich an relevanter Stelle in den einzelnen Falllösungen.

Zur Übung lösen Sie, wie im Einführungsfall vorgeführt, nunmehr selbständig folgenden

Übungsfall:

K hat von V einen Kühlschrank gekauft. V hat das Gerät ausgeliefert. K will den Kühlschrank aber nicht bezahlen. Hat V Anspruch auf Bezahlung des Kühlschranks?

Lösungsvorschlag

V könnte gegen K einen Anspruch auf Bezahlung des Kühlschrankes aus § 433 Abs.2 haben. Dann müsste ein Kaufvertrag wirksam zustande gekommen sein.

> *Das Merkmal Kaufvertrag findet sich so nicht in § 433 Abs.2, aber da die dort genannten "Käufer"und "Verkäufer" die Beteiligten an einem Kaufvertrag beschreiben, kann man dies zusammen fassen und gleich den Kaufvertrag als Tatbestandsmerkmal prüfen!*

K hat den Kühlschrank von V "gekauft". Eine solche Beschreibung im Sachverhalt lässt den Schluss zu, dass damit ein Verhalten gemeint ist, das rechtlich den Abschluss eines Kaufvertrages erfüllt. Folglich ist ein Kaufvertrag wirksam zustande gekommen. Also hat V einen Anspruch auf Bezahlung des Kühlschrankes aus § 433 Abs.2

§§§§§§§§§§§§§§§§§§§§§

Wiederholungsfragen zum 2. Kapitel

1. Womit beginnt jede Falllösung?	Aufsuchen der Anspruchsgrundlagen und Formulierung des Einleitungssatzes.
2. Wie ist die Eingangsfrage abstrakt zu fassen?	Wer von wem was woraus.
3. Was muss die Eingangsfrage an Bestandteilen enthalten?	Anspruchsteller, Anspruchsgegner, Anspruchsinhalt, Anspruchsgrundlage.
4. Wie nennt man das Verfahren zur Prüfung von Tatbestandsmerkmalen etc. in der Falllösung?	Subsumtion.
5. In welche Schritte zerfällt dieses Verfahren?	1. Aufwerfen und Darlegen der zu bearbeitenden Frage; 2. Definition des entsprechenden Merkmals; 3. Feststellung des Sachverhaltes; 4. Prüfung, ob Deckungsgleichheit zwischen 2. u. 3. besteht; 5. Antwort auf 1. = Ergebnis.
6. In welchem Stil ist die Lösung abzufassen?	Gutachtenstil.
7. Der Gegensatz dazu?	Urteilstil.
8. Welches sind die wesentlichen Merkmale von a) Gutachten und b) Urteil?	a) von einer Frage ausgehend wird auf ein Ergebnis geschlossen; b) Ergebnis wird vorangestellt und anschließend begründet.

3. Kapitel
Rechtsgeschäft, Willenserklärung und Vertrag

Das Rechtsgeschäft

Das Rechtsgeschäft ist ein Oberbegriff für eine Vielzahl rechtserheblicher Verhaltensweisen, die bestimmte, jedoch sehr unterschiedliche Folgen nach sich ziehen und an jeweils voneinander abweichende Voraussetzungen geknüpft sind. Abstrakt kann man ein Rechtsgeschäft beschreiben als

> ***einen Tatbestand, der aus mindestens einer Willenserklärung sowie oft weiteren Elementen besteht und an den die Rechtsordnung den Eintritt des gewollten rechtlichen Erfolgs knüpft.***

Grundlage eines jeden Rechtsgeschäfts sind mithin **Willenserklärungen**, vgl. dazu eingehend unten.

Man unterscheidet bei Rechtsgeschäften: **einseitige**, die nur eine Willenserklärung zum Gegenstand haben,

***Bsp.**: A kündigt seinen Arbeitsvertrag bei B*

und **mehrseitige**, die aus mehreren Willenserklärungen bestehen

***Bsp.**: A schließt mit C einen neuen Arbeitsvertrag.*

Das Rechtsgeschäft kann außer den Willenserklärungen noch weiterer Merkmale zu seiner Wirksamkeit bedürfen, z.B. Schriftform, notarielle Beurkundung.

***Bsp.**: A erwirbt von B ein Grundstück. - Zusätzlich zu den entsprechenden Willenserklärungen muss hier noch die nach § 311b erforderliche Form treten.*

Das Rechtsgeschäft ist zu unterscheiden von den sog. Realakten und geschäftsähnlichen Handlungen.

Als **Realakte** bezeichnet man rein tatsächliche Handlungen, an die das Gesetz bestimmte Rechtsfolgen knüpft. Auf sie finden die Regeln über Rechtsgeschäfte und Willenserklärungen **keine** Anwendung.

***Bsp.**: Besitzerwerb an einer Sache nach § 854 Abs.1; Übergabe bei § 929 S.1.*

Geschäftsähnliche Handlungen sind solche, die zwar Folgen hervorrufen, jedoch primär auf einen tatsächlichen, nicht einen rechtlichen Erfolg gerichtet sind. Insbesondere kommt es hier gerade nicht darauf an, ob der Rechtserfolg von den Erklärenden gewollt ist, sondern er tritt allein durch gesetzliche Regelung ein. Dennoch werden solche geschäftsähnlichen Handlungen wie Rechtsgeschäfte behandelt und die Regeln über Rechtsgeschäfte entsprechend angewendet.

***Bsp.**: A mahnt bei B überfällige Warenlieferungen an. - Unerheblich ist, ob A die rechtliche Konsequenz der Mahnung bedacht hat (Verzug!), oder er B nur zur Leistung veranlassen wollte.*

Arten der Rechtsgeschäfte

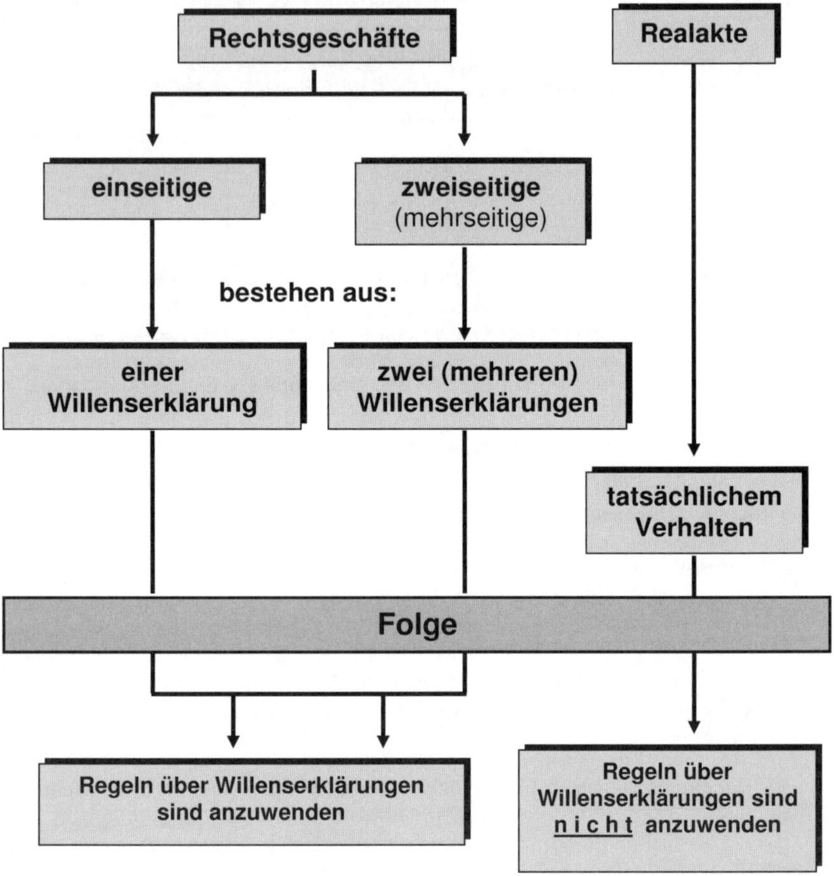

Bei Rechtsgeschäften ist weiter zu unterscheiden zwischen

Verpflichtungs- und Verfügungsgeschäften

Diese Unterscheidung folgt aus einem Grundsatz, der das deutsche Privatrecht bestimmt und der den meisten anderen Rechtsordnungen fremd ist: dem

Abstraktionsprinzip

Der Grundsatz des Abstraktionsprinzips

Das Abstraktionsprinzip besagt, dass

das schuldrechtliche Verpflichtungsgeschäft und das dingliche Erfüllungsgeschäft rechtlich voneinander zu trennen sind.

⇨ **Beide Geschäfte sind rechtlich selbständig und existieren unabhängig voneinander, auch wenn die wirtschaftliche Verknüpfung noch so eng sein mag.**

Dies soll anhand des nachfolgenden simplen Beispiels erläutert werden:

***Bsp.**: Wenn A von B eine Sache erwirbt, dann erhält A die Sache, B das Geld.*

In diesem Beispiel besteht zunächst ein Kaufvertrag (KV). => Lesen Sie § 433 Abs.1! => Rechtsfolge ist: es entsteht die **Pflicht**, die Sache **zu übereignen** (daher ist der KV das Verpflichtungsgeschäft). § 433 ***verpflichtet*** also nur zur Übertragung des Eigentums, bewirkt aber **nicht den Übergang des Eigentums von B auf A!**

Dies geschieht erst durch die **Übereignung** - lesen Sie § 929 S.1 (=> das ist das sog. Erfüllungsgeschäft). Dafür ist eine Einigung und damit **ebenfalls einen Vertrag** erforderlich.

Ist der Kaufvertrag unwirksam, bestand also keine Pflicht, die Sache zu übereignen, so bleibt der Übereignungsvertrag dennoch wirksam! Denn nach dem Abstraktionsprinzip sind beide Verträge unabhängig voneinander zu betrachten. Daher wirkt sich die Unwirksamkeit des einen nicht auf die Wirksamkeit des anderen Vertrags aus!

Einen solchen "ungerechten" Zustand - es bestand ja keine Verpflichtung des B, den Übereignungsvertrag zu schließen - beseitigt das Gesetz durch die §§ 812 ff.

Weiter besagt das Abstraktionsprinzip, dass auch die beiden Erfüllungsgeschäfte, also hier die Übereignung des Geldes einerseits und die Übereignung der Sache andererseits, rechtlich völlig eigenständig anzusehen sind. Eine eventuelle Unwirksamkeit des einen lässt die Wirksamkeit des anderen Geschäfts völlig unberührt!

LIT Dies soll und kann nur ein erster kleiner Aufriss des Abstraktionsprinzips sein. Mehr dazu im weiteren Verlauf des Kurses. **Lesen Sie** zum Abstraktionsprinzip und der Unterscheidung Verfügungs- / Verpflichtungsgeschäft auch: Rüthers / Stadler, § 16, Rn 17 ff.

Vertragsfreiheit und Vertragstypen

Die Vertragsfreiheit ist Ausdruck eines der Grundprinzipien des deutschen Privatrechts, der Privatautonomie. Sie beschreibt die Freiheit des einzelnen, seine privaten Rechtsverhältnisse nach seinem Willen zu gestalten. Diese Privatautonomie ist im Gesetz nicht gesondert geregelt, findet aber in verschiedenster Weise Ausdruck (z. B. in § 305 - § 311). Aus ihr folgt, dass jeder am Wirtschaftsleben z. B. durch Abschluss von Verträgen teilnehmen kann. Dabei steht es ihm frei, "**ob**" und "**mit wem**" er einen Vertrag schließen will (sog. **Abschlussfreiheit**). Darüber hinaus steht es ihm frei, **was** er bei einem Vertragsschluss vereinbart (sog. **Gestaltungsfreiheit**).

Diese Freiheit gilt allerdings nicht schrankenlos. So gibt es in bestimmten Bereichen einen Zwang zum Abschluss von Verträgen (sog. Kontrahierungszwang). Aber auch die inhaltlichen Gestaltungsmöglichkeiten unterliegen einigen Zwängen, z. B. durch §§ 134, 138.

LIT **Lesen Sie** zur Vertragsfreiheit und ihren Grenzen: Rüthers / Stadler, § 3, Rn 4 ff.

Das Zustandekommen von Verträgen durch Willenserklärungen

Ein Vertrag besteht grundsätzlich aus zwei inhaltlich übereinstimmenden Willenserklärungen

Es sind daher regelmäßig mindestens zwei Personen am Vertragsschluss beteiligt und das wesentliche Element des Vertrages sind demnach Willenserklärungen.

Vertragsschluss

Willenserklärung 1 (Angebot) → **Willenserklärung 2 (Annahme)**

stimmen inhaltlich überein

↓

Vertrag

Im Gesetz findet sich nur in §§ 145 ff eine fragmentarische Behandlung des Vertrags, aus der man nur mittelbar diese Voraussetzungen entnehmen kann.

Die Willenserklärung

Eine gesetzliche Beschreibung oder Definition der Willenserklärung existiert nicht. Es hat sich aber eine allgemein anerkannte Definition eingebürgert:

**Eine Willenserklärung ist
eine private Willensäußerung,
die auf einen vom Gesetz anerkannten Rechtserfolg gerichtet ist**

oder kurz:

eine auf einen Rechtserfolg gerichtete Willensäußerung

Ein Vertrag ist demnach dann geschlossen, wenn zwei derartige Erklärungen abgegeben wurden. Dabei regelt § 145, dass der Erklärende grds. an seine Erklärung gebunden ist, er sich also nicht ohne weiteres davon lösen kann. Damit dient § 145 dem Schutz des Erklärungsgegners, der auf den Bestand der Erklärung des anderen vertrauen darf.

Fall 1:

B hat im Geschäft des A ein Buch ausgewählt und legt es A auf den Tisch und sagt: "das möchte ich kaufen." A antwortet: "verkaufe ich Ihnen gern." Einen Augenblick später überlegt es sich B und meint, er wolle das Buch doch nicht. Hat A Anspruch auf Zahlung des Kaufpreises?

Lösungsvorschlag

A könnte Anspruch auf Zahlung des Kaufpreises aus § 433 Abs.2 gegen B haben.

Dann müsste ein Kaufvertrag wirksam zustande gekommen sein.

Da § 433 Abs.2 *Käufer*, *Verkäufer*, *Kaufpreis* und *gekaufte Sache* nennt und sich beides ergibt, wenn ein Kaufvertrag vorliegt, prüft man statt dieser Merkmale nur „*Kaufvertrag*" als Tatbestandsmerkmal, da sich damit auch *Käufer, Verkäufer, gekaufte Sache und Kaufpreis* ergeben.

Der Abschluss eines Kaufvertrages setzt zwei inhaltlich übereinstimmende Willenserklärungen voraus, Angebot und Annahme.

Als Angebot bezeichnet man eine Willenserklärung, die dem anderen einen Vertragsabschluss anträgt. Die Annahme ist eine Antwort auf das Angebot, die jenen Vorschlag zum Vertragsabschluss akzeptiert.

Das Angebot könnte B gemacht haben, als er A mitteilte, er wolle das Buch kaufen.

Das Auslegen der Ware im Geschäft wird hier aus didaktischen Gründen noch nicht behandelt. Es stellt lediglich eine Aufforderung zur Abgabe eines Angebotes dar. Eine Willenserklärung liegt darin nicht, dazu noch später.

Dann müsste darin eine Willenserklärung zu sehen sein. Eine Willenserklärung ist eine Willensäußerung, die auf einen vom Gesetz anerkannten Rechtserfolg gerichtet ist. B äußerte mit seinen Worten einen Willen, der auf den Kauf des Buches, also einen Rechtserfolg, gerichtet war. Demnach liegt eine Willenserklärung des B, ein Angebot, vor. Dieses müsste A angenommen haben. Indem A antwortet, er verkaufe das Buch dem B, legt er seinen Willen dar, den Kaufvertrag mit B abzuschließen. Folglich war sein Verhalten auf die Herbeiführung eines Rechtserfolges gerichtet, mithin eine Willenserklärung (Annahme). Da beide Willenserklärungen auf den Abschluss eines Kaufvertrages gerichtet waren, bestand auch inhaltliche Übereinstimmung.

Somit sind die Voraussetzungen für das wirksame Zustandekommen eines Kaufvertrages gegeben. Daher hat A Anspruch auf Zahlung des Kaufpreises gegen B gem. § 433 Abs.2.

§§§§§§§§§§§§§§§§§§§§§§§§§§§§§§§§§§

Fall 2:

A leiht dem B ein Buch für die Dauer von einer Woche. B gibt es nach einer Woche jedoch nicht zurück, obwohl es noch bei ihm zu Hause liegt. Ansprüche des A?

Lösungsvorschlag

Da es um die Herausgabe einer Sache geht, hat man Normen mit der Rechtsfolge "Herausgabe" zu suchen. In Betracht kommen insoweit vor allem §§ 985 und 812.

Da es im Sachverhalt um "Leihe" geht, hat man zweckmäßigerweise auch beim Leihvertrag zu suchen, ob es dort eine Anspruchsgrundlage gibt. Weiß man nicht, wo "Leihe" geregelt ist, so schaut man in das **Register** unter diesem Stichwort. Sodann liest man die unter diesem Titel stehenden Vorschriften und prüft, welche die gewünschte **Rechtsfolge der Herausgabe** aufweist. So findet man schließlich § 604.

Die Leihe ist in § 598 ff geregelt. Sie wird näher im Band 5, Schuldrecht Besonderer Teil 2, besprochen. Hier nur die wesentlichen Grundzüge: Die Leihe bezeichnet die **unentgeltliche Überlassung von Sachen auf Zeit**. Darin unterscheidet sie sich von der Miete, da dort die **entgeltliche** Überlassung erfasst wird. Daher ist die Umgangssprache oft falsch, z. B. ist der Leihwagen wegen des dafür zu zahlenden Entgeltes rechtlich ein Mietwagen!

A könnte aus § 604 Abs.1 einen Anspruch gegen B auf Herausgabe des Buches haben. Dann müsste zunächst ein Leihvertrag gem. § 598 wirksam zustande gekommen sein.

Dass ein Leihvertrag eine Voraussetzung für den Anspruch aus § 604 ist, ergibt sich daraus, dass dort von "der Leihe" und vom "Entleiher" die Rede ist. Beide Begriffe können nur dann Verwendung finden, wenn es sich um Leihe im Rechtssinne handelt. Diese setzt gem. § 598 einen Leihvertrag voraus.

Der Leihvertrag kommt durch zwei inhaltsgleiche Willenserklärungen, Angebot und Annahme zustande. Der Sachverhalt gibt keine näheren Hinweise, wie die Parteien hier verhandelt haben, sondern legt lediglich dar, dass A dem B das Buch geliehen hat. Aus einer solchen Formulierung im Sachverhalt kann man jedoch schließen, dass damit ein Vorgang beschrieben wird, den man rechtlich als Abschluss eines Leihvertrages zu verstehen hat. Es kann somit davon ausgegangen werden, dass ein Leihvertrag wirksam zustande gekommen ist.

Weiter müsste gem. § 604 Abs.1 für die Leihe eine Zeit bestimmt sein. A hatte dem B das Buch für eine Woche geliehen. Die Leihzeit betrug somit eine Woche.

Da die Woche verstrichen ist, ist somit auch die Leihzeit abgelaufen. Damit liegen alle Voraussetzungen des § 604 Abs.1 vor, so dass A die Herausgabe des Buches aus § 604 Abs.1 von B verlangen kann.

A könnte weiter einen Anspruch gegen B auf Herausgabe des Buches aus § 985 haben.

Diese Anspruchsgrundlage hatten Sie schon im Einführungsfall kennen gelernt. Sie bezeichnet den sog. Eigentumsherausgabeanspruch. Diese Anspruchsgrundlage unterscheidet sich von den anderen dadurch, dass sie einen **dinglichen Anspruch** beinhaltet, während §§ 433, 604 **schuldrechtliche** Ansprüche zum Gegenstand hatten. Da der Anspruch des § 985 unmittelbar aus dem Gesetz folgt, insbesondere keinen wirksamen Vertrag voraussetzt, handelt es sich um einen **gesetzlichen Anspruch**. Solche gesetzlichen Ansprüche sind im Prüfungsaufbau stets **nach den vertraglichen Ansprüchen** zu prüfen. Da Sie oben einen Anspruch aus § 604 bejaht hatten, könnte man meinen, man dürfte es dabei belassen und auf die Prüfung weiterer Ansprüche verzichten. Dem widerspricht aber die Tatsache, dass Sie ein **Gutachten** anfertigen sollen. Dies bedeutet, dass dem Leser **alle möglichen Ansprüche** vorzuführen sind, da die zu prüfende Rechtslage **umfassend** erörtert werden soll. Und da § 985 ebenfalls die gewünschte Rechtsfolge der Herausgabe aufweist, ist diese Norm hier einschlägig.

Die Behandlung des § 985 als Teil des Sachenrechtes erfolgt hier nur in den notwendigsten Grundzügen. Weitergehend wird diese Norm im Band 6, Sachenrecht 1, erörtert.

Zur Wiederholung: § 985 weist drei Tatbestandsmerkmale auf:

1. Anspruchsgegenstand muss eine Sache sein.

   Fortan wird dieses Merkmal aber nur noch dann gutachtlich geprüft, wenn Zweifel an der Sacheigenschaft bestehen.

2. Wer den Anspruch geltend macht (Anspruchsteller), muss Eigentümer sein.
3. Der andere Teil (Anspruchsgegner), muss als Besitzer anzusehen sein.

Man sollte stets zuerst "Sache" prüfen. Ob dann "der Besitzer" oder "der Eigentümer" geprüft wird, entscheidet man allein nach der Zweckmäßigkeit: ist eines der Merkmale nicht erfüllt, so prüft man dieses zuerst, - man spart sich dadurch die Prüfung des anderen Merkmals!

Dann müsste der B Besitzer des Buches, einer Sache i.S.d. § 90, sein. Besitzer ist gem. § 854 Abs.1 derjenige, der die tatsächliche Sachherrschaft über eine Sache ausübt.

Falsch wäre es im Rahmen dieser Definition konkret auf das Buch abzustellen, da § 854 abstrakt den Besitz regelt und nicht diesen konkreten Fall behandelt.

Das Buch befindet sich bei B. Daher ist anzunehmen, dass er auch die Sachherrschaft darüber ausübt, er also Besitzer i.S.d. § 985 ist.

Weiter müsste A Eigentümer des Buches sein.

Bei der Prüfung, ob jemand Eigentümer einer Sache ist, sollte man grundsätzlich historisch vorgehen. D. h. man stellt fest, wer ursprünglich Eigentümer war und verfolgt dann den Weg des Eigentums, indem man feststellt, ob und ggf. an wen Übereignungen stattgefunden haben. Etwas anderes gilt freilich dann, wenn der Sachverhalt eindeutig angibt, dass der Anspruchsinhaber zu dem Zeitpunkt, in dem der Anspruch geltend gemacht wird, Eigentümer ist (sehr selten!).

Da es der Lebenswahrscheinlichkeit entspricht, dass der, der eine Sache verleiht, diese in Besitz hatte und dem Sachverhalt nichts Gegenteiliges zu entnehmen ist, kann gem. § 1006 Abs.2 vermutet werden, dass zu dieser Zeit, also ursprünglich, A Eigentümer des Buches war.

Er könnte jedoch das Eigentum durch die Übergabe an B verloren haben, wenn darin eine Übereignung gem. § 929 zu sehen wäre.

Sie lernen nun den ersten sachenrechtlichen Vorgang kennen, die Übereignung einer beweglichen Sache. Sie ist im Grundsatz in § 929 S.1 geregelt (lesen!). Sie setzt zunächst voraus:

1. **Einigung über den Eigentumsübergang**, also einen **Übereignungsvertrag**,
2. den **Realakt der Übergabe** der Sache.

Man sagt auch kurz Übereignung setze Einigung und Übergabe voraus. Ein schwerer Fehler wäre es, an dieser Stelle auf den Leihvertrag abzustellen, denn dies widerspräche dem Abstraktionsprinzip! Da es hier um die Änderung der dinglichen Rechtslage geht, muss das **schuldrechtliche** Geschäft der Leihe als verpflichtender Vertrag **außer Betracht** bleiben. Ebenso kann eine Eigentumsänderung **nie durch Kaufvertrag** erfolgen, denn der Kaufvertrag normiert allein die **Pflicht zur Übereignung**. Die Übereignung selbst erfolgt durch das davon zu trennende, rechtlich völlig selbständige dingliche Übereignungsgeschäft (häufiger schwerer Fehler!). - Sollte Ihnen das hier nicht klar sein: gehen Sie zurück zu S. 19 und arbeiten Sie die Ausführungen zum Abstraktionsprinzip erneut durch!

Die Parteien haben jedoch einen Leihvertrag geschlossen, der als Verpflichtungsgeschäft die dingliche Lage nicht berührt. Dass darüber hinaus ein Übereignungsvertrag geschlossen wurde, lässt sich dem Sachverhalt nicht entnehmen, zumal dies dem Wesen der Leihe widersprechen würde, bei der ja der Verleiher gerade das Eigentum an der Leihsache behalten will und nur den Besitz überträgt.

Damit hat A sein Eigentum nicht verloren und ist daher noch Eigentümer. Damit liegen die Voraussetzungen des § 985 vor.

Einem Herausgabeanspruch könnte aber § 986 entgegenstehen.

§ 986 regelt eine insgesamt ziemlich komplizierte Materie, siehe dazu Band 6, Sachenrecht 1. § 986 ist grundsätzlich zu prüfen, wenn die Voraussetzungen des § 985 bejaht wurden. Dies soll daher hier nur der Vollständigkeit halber angedeutet werden.

Das danach erforderliche Recht zum Besitz könnte sich aus dem Leihvertrag ergeben, wenn B danach die Sache auf bestimmte Zeit überlassen hätte und diese Leihzeit noch nicht verstrichen wäre. Dies ist jedoch nicht der Fall (siehe oben), so dass ein Recht zum Besitz i.S.d. § 986 zugunsten des B nicht ersichtlich ist.

Solche Verweisungen sind nicht nur zulässig, sondern geboten, da Wiederholungen zumindest überflüssig wenn nicht sogar falsch sind.
Aber **beachten Sie**: Verweisen kann man nur insoweit, als an der hingewiesenen Stelle genau das ausgeführt wurde (häufiger Fehler!), daher genau die Identität der beiden Erörterungen prüfen!

Folglich hat A einen Anspruch gegen B auf Herausgabe des Buches gem. § 985.

§ 812 soll ebenso wie § 823, der ebenfalls eine denkbare Anspruchsgrundlage enthält, aus didaktischen Gründen an dieser Stelle nicht geprüft werden.

§§§§§§§§§§§§§§§§§§§§§§§§§

Die Bestandteile der Willenserklärung

Aus der Definition der Willenserklärung ergibt sich, dass sie aus zwei Teilen besteht: dem **objektiven** (äußeren) und den **subjektiven** (inneren) Tatbestand.

Der objektive Tatbestand der Willenserklärung

Der **objektive Tatbestand** bezeichnet das **Erklärungshandeln**, also ein Verhalten, das objektiv den Schluss auf das Vorliegen eines bestimmten Willens zulässt. Dies kann in verschiedensten Formen geschehen (Schreiben, Sprechen, Zeichengeben etc.) aber auch durch ein Verhalten, das lediglich aus dem Zusammenhang heraus verständlich wird.

Den **Normalfall** stellt die durch **ausdrückliche Artikulierung** in Erscheinung getretene Willenserklärung dar. Im täglichen Leben besteht jedoch oftmals gar nicht die Möglichkeit, lange präzise Erklärungen abzugeben. Vielmehr bedient man sich eines typischen Verhaltens, aus dem man bestimmte Rückschlüsse auf den tatsächlich dahinter stehenden Willen tätigen kann. Sofern ein solches Handeln einen klaren Schluss auf den Willen des

Handelnden von Seiten des "angesprochenen" Adressaten zulässt, liegt ein ausreichender Erklärungstatbestand vor, die **schlüssige oder konkludente Willenserklärung**. Diese setzt demnach einen sog. **Erklärungswert** des wortvertretenden Verhaltens voraus. Daher gilt:

Es ist bei schlüssigem Verhalten der objektive Erklärungswert dieses Verhaltens zu ermitteln

Bestandteile der Willenserklärung

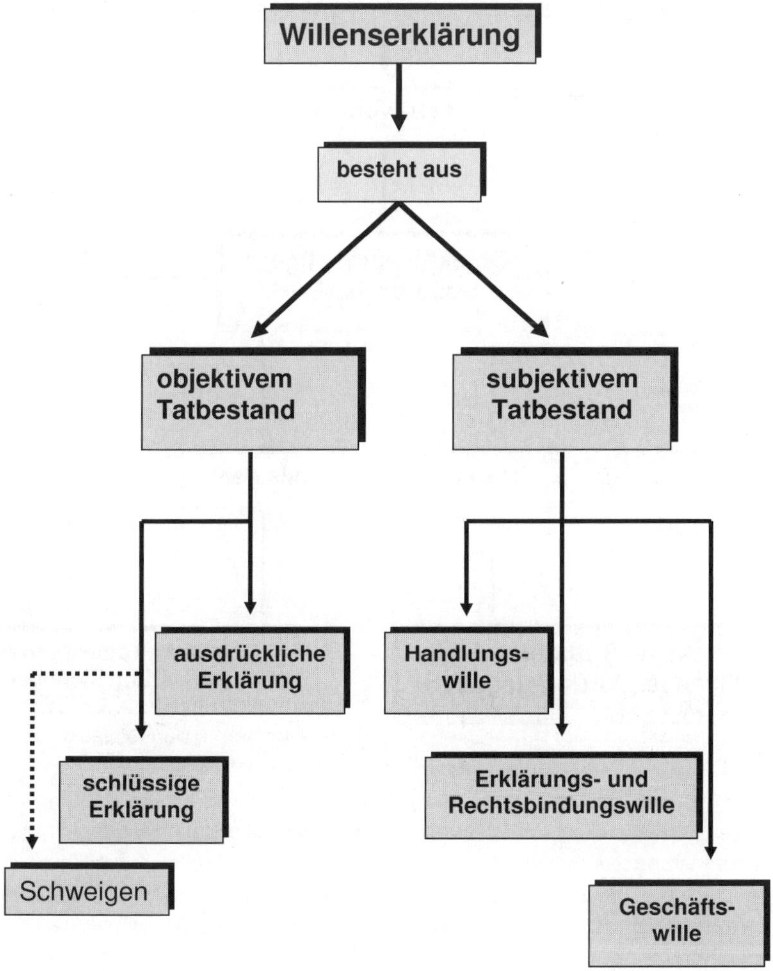

Objektive Seite der Willenserklärungen

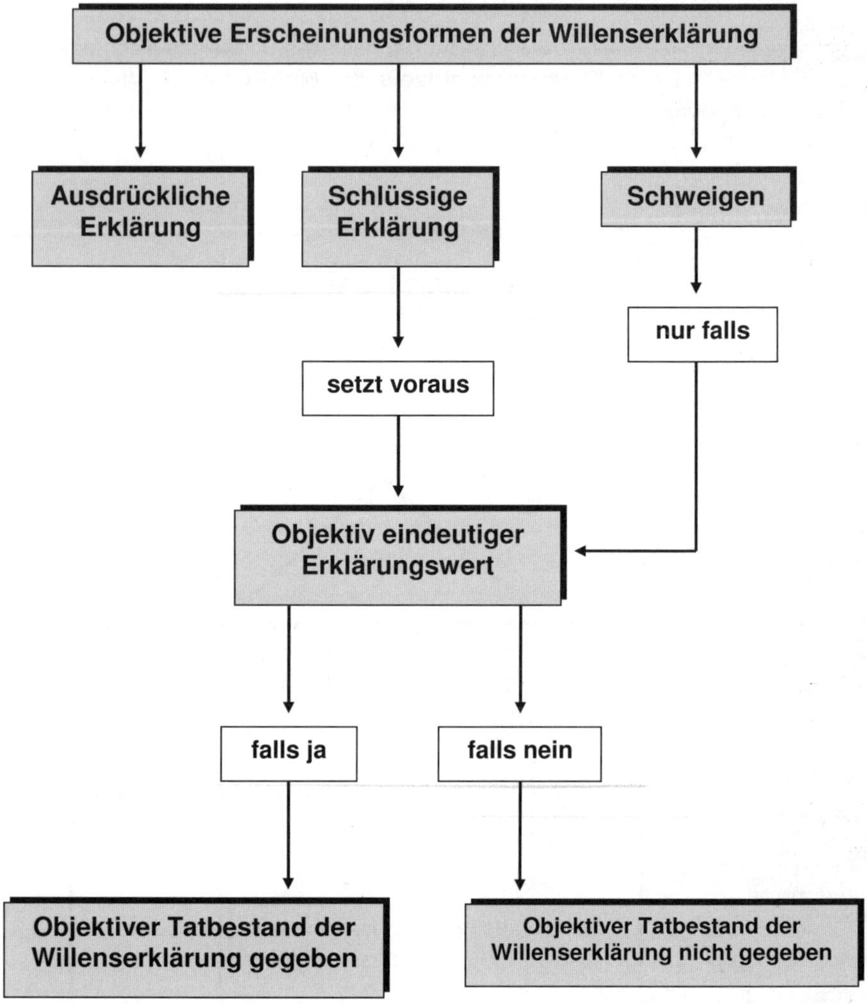

Problematisch ist, ob auch bloßes **Schweigen** als eine solche konkludente Erklärung aufzufassen ist. Im Grundsatz gilt, dass Schweigen ein "rechtliches Nullum" ist, es mithin nicht die Bedeutung einer Willenserklärung erlangen kann (so auch § 241 a).

Ausnahmsweise kann Schweigen dann die Bedeutung einer echten Willenserklärung erlangen, wenn die Parteien vereinbart haben, dass das Schweigen einen bestimmten Erklärungswert haben soll, oder wenn sich aus den begleitenden Umständen objektiv eindeutig ein bestimmter Erklärungswert aus dem Schweigen entnehmen lässt. Dies ist jedoch im Einzelfall sorgfältig zu prüfen.

***Bsp.**: K bittet den V, ihm drei Tage lang je 1 Kilo frische Erdbeeren zum Tagespreis in den Milchkasten zu stellen. V liefert auch am vierten, fünften und sechsten Tag. K verbraucht die vierte und fünfte Lieferung. Die sechste lässt er - ohne Anzeige an V - stehen. Dieser findet sie am achten Tag angefault. - Hier muss K sein Schweigen als Zustimmung zum Kaufangebot gegen sich gelten lassen und auch die sechste Lieferung zahlen. Seine Ablehnung hätte er nach der Verkehrssitte dem V kundtun müssen.*

Ausnahmen vom obigen Grundsatz gibt es ferner im Handelsrecht. Für Kaufleute gilt nach § 362 Abs.1 HGB das Schweigen auf ein Angebot als dessen Annahme (Fiktion!). Ferner **gilt** bei sog. kaufmännischen Bestätigungsschreiben das Schweigen auf unrichtige Auftragsbestätigungen als Zustimmung zu den dort genannten Bedingungen

Näheres dazu bei Rüthers / Stadler, § 17 Rn. 31.

Weitere Fälle des Schweigens als unechte Willenserklärung sind die des Schweigens als Zustimmung (z.B. § 516 Abs.2) und als Ablehnung (z.B. §§ 108 Abs.2; 177 Abs.2).

Beachten Sie: § 151 enthält keinen Fall des Schweigens als Willenserklärung

§ 151 verlangt vielmehr eine nach außen erkennbare Betätigung eines tatsächlichen vorhandenen Annahmewillens, z. B. Ingebrauchnahme einer Sache. Bloßes Nichtstun oder nur innere Zustimmung reichen nicht aus. Daher ersetzt das Schweigen hier die Annahme**erklärung** als solche gerade nicht, sondern es wird nur auf den **Zugang der Erklärung** verzichtet. § 151 betrifft somit keinen Fall des Schweigens als Willenserklärung, sondern den ausnahmsweisen Verzicht auf das Zugangserfordernis bei empfangsbedürftigen Willenserklärungen!

Fall 3:

V schickt K unaufgefordert ein Buch zum Kauf zu. K kümmert sich nicht darum und lässt das Buch unbesehen bei sich liegen. Nach vier Wochen verlangt V Bezahlung. Zu Recht?

Lösungsvorschlag

V könnte einen Anspruch auf Bezahlung des Buches aus § 433 Abs.2 gegen K haben.

Dann müsste ein Kaufvertrag wirksam zustande gekommen sein. Dies setzt zwei inhaltlich übereinstimmende Willenserklärungen voraus, Angebot und Annahme.

Ein Angebot könnte im Zuwenden der Bücher durch V liegen. Da sich aus den Gesamtumständen ergibt, dass der V den Abschluss eines Kaufvertrags herbeiführen möchte, sein Angebot in dieser Hinsicht auch so bestimmt ist, dass K nur zuzugreifen braucht und von einem entsprechenden Rechtsbindungswillen des V auszugehen ist, liegt mit dem Zusenden ein Angebot vor.

Dieses müsste K angenommen haben. Da K schlicht nichts tut, er nur schweigt, ist eine ausdrückliche Annahme nicht ersichtlich. Grundsätzlich ist Schweigen rechtlich bedeutungslos, es sei denn, darin läge eine konkludente Erklärung. Da den im Sachverhalt geschilderten Umständen keine Anhaltspunkte für einen Rückschluss auf einen Willen zum Kauf durch K zu entnehmen sind, kommt eine konkludente Erklärung durch Schweigen nicht in Betracht.

Ein anderes Ergebnis könnte sich aber aus § 151 ergeben. Da dieser aber lediglich auf den Zugang einer **vorhandenen** Erklärung verzichtet, es aber gerade an einer Erklärung fehlt, greift § 151 hier nicht ein. Also hat V keinen Anspruch auf Zahlung gegen K aus § 433 Abs.2.

Für Verbraucher regelt § 241a diese Fälle. Da es danach keine Ansprüche gegen ihn gibt, kann er die Sache auch "entsorgen"!

Anders wäre es im Fall oben, wenn K das Buch bewusst in Gebrauch genommen hätte (bloßes Anschauen, um sich einen Eindruck zu verschaffen, reicht nicht!), da dann eine konkludente Erklärung vorgelegen hätte (str., vgl. dazu Rüthers/Stadler § 17, Rn. 26 Fn. 12). Diese wäre zwar V nicht zugegangen, doch könnte man den Zugang gem. § 151 als entbehrlich betrachten.

Vgl. Insgesamt zu diesen Fällen Rüthers / Stadler, § 17, Rn. 26 m.w.N.

§§§§§§§§§§§§§§§§§§§§

Der subjektive Tatbestand der Willenserklärung

Der subjektive Tatbestand der Willenserklärung enthält normalerweise drei Elemente:

den Handlungswillen
den Erklärungswillen
den Geschäfts-(oder Rechtsfolge)willen

Der **Handlungswille** soll bereits dann gegeben sein, wenn einem nach außen erkennbaren Verhalten ein bewusster Willensakt zugrunde liegt. Dadurch werden insbesondere unbewusste Bewegungen (z. B. Reflexe) aus dem Bereich der Willenserklärung ausgeschieden.

Beachten Sie: Handlungen, die durch Täuschung oder Drohung veranlasst werden, liegt ein Handlungswille zugrunde. Nur bei unmittelbarem körperlichen Zwang (sog. vis absoluta) sind die Anforderungen an den Handlungswillen nicht mehr erfüllt!

***Bsp.**: A greift auf einer Versteigerung die Hand des B und hebt diese hoch. B erhält den Zuschlag. – Es lag kein willensgesteuertes Verhalten des B, also kein Handlungswille vor.*

Der **Erklärungswille** bezeichnet das Bewusstsein, irgendwie rechtserheblich zu handeln. Der Handelnde muss wissen, dass er durch sein Verhalten irgendetwas rechtlich Erhebliches erklärt.

***Bsp.**: K unterschreibt bei Außendienstmitarbeiter A ein Schriftstück in der Meinung, er bestätige lediglich, dass A ihn beraten habe. Tatsächlich handelt es sich um eine Warenbestellung. – Da K nicht wusste, etwas Rechtserhebliches zu zeichnen, fehlt ihm der Erklärungswille.*

Als wesentliches Element dieses Merkmales wird z.T. auch der sog. **Rechtsbindungswille**, nämlich der Wille des Erklärenden, sich an seine Erklärung rechtlich binden zu wollen, angesehen. Besser erscheint es, diesen Rechtsbindungswillen als selbständiges viertes Element des subjektiven Tatbestandes anzusehen. Er beschreibt den Willen, sich rechtlich binden zu wollen. Ob dies der Fall ist, **muss aus Sicht eines objektiven Erklärungsempfängers beurteilt werden.**

Der **Geschäftswille** schließlich beschreibt den Willen, eine ganz bestimmte Rechtsfolge herbeizuführen. Also wird hier ein ganz genau konkretisiertes Geschäft zum Gegenstand der Vorstellung, anders als beim Erklärungsbewusstsein, wo die generalisierende Vorstellung allgemeiner rechtlicher Erheblichkeit ausreicht.

Fall 4:

K wählt im Laden des V eine Flasche Wein aus. Er geht zur Kasse, stellt die Flasche wortlos auf das Band und V tippt den Preis in die Kasse. Dabei vertippt er sich: statt des Preises von EUR 8,00 tippt er EUR 3,00 ein. K bezahlt die EUR 3,00, packt die Flasche ein und will gerade losgehen, als V den Irrtum bemerkt. Kann V von K die restlichen EUR 5,- verlangen?

Lösungsvorschlag

V könnte gegen K Anspruch auf Zahlung der restlichen EUR 5,- aus § 433 Abs.2 haben.

Voraussetzung dafür ist ein wirksamer Kaufvertrag zwischen V und K. Dies setzt zwei übereinstimmende Willenserklärungen, Angebot und Annahme voraus. Das Angebot könnte hier K gemacht haben, als er die Flasche auf das Laufband stellte. Zwar liegt insoweit keine ausdrückliche, eventuell aber eine schlüssige Erklärung vor. konkludent

Dazu wäre erforderlich, dass diesem Verhalten des K ein objektiv eindeutiger Erklärungswert beizumessen ist. Da objektiv betrachtet ein solches Verhalten üblicherweise bedeutet, dass man diese Ware kaufen will, liegt der erforderliche Erklärungswert vor, der objektive Tatbestand ist gegeben und damit liegt eine Willenserklärung des K vor.

Fraglich ist jedoch der Inhalt der Erklärung. Üblicherweise drückt man mit dem Legen auf das Laufband an der Kasse aus, dass man die Ware zum ausgezeichneten Preis, hier also EUR 8,-, erwerben will. Also hat K ein Angebot zum Erwerb des Wein zu 8 EUR abgegeben.

Eine Annahme durch V könnte im Eintippen des Preises liegen. Da dies üblicherweise bedeutet, dass die Ware zu eingetippten Preis verkauft werden soll, liegt eine schlüssige Erklärung vor, der objektive Tatbestand der WE ist also gegeben. Der Inhalt dieser Erklärung ist angesichts des auf dem display sichtbaren Preises mit Verkauf zu EUR 3,- anzunehmen.

Die beiden Erklärungen sind nicht inhaltsgleich (8 bzw. 3 €), es liegt kein Vertragsschluss vor.

Aber die Erklärung des V stellt gem. § 150 Abs.2 ein neues Angebot des V dar. Dieses nimmt K auch durch die Bezahlung der EUR 3,- an.

Fraglich ist jedoch, ob auch der zugehörige subjektive Tatbestand bei der Erklärung des V vorliegt. Hier wollte V die Ware eigentlich zu 8 Euro verkaufen, wollte also das konkrete Geschäft (3 Euro) nicht, also fehlte ihm der zu diesem Geschäft notwendige Geschäftswille. Es ist jedoch anerkannt, dass bei fehlendem Geschäftswillen trotzdem eine (wenn auch anfechtbare) Willenserklärung gegeben ist. Daher hat auch V eine Willenserklärung abgegeben. Damit ist ein Kaufvertrag über 3 EUR zwischen V und zustande gekommen.

Also hat V keinen Anspruch auf die restlichen EUR 5,- gegen K aus § 433 Abs.2.

Folge des Fehlens einzelner subjektiver Bestandteile

Fehlt der Handlungswille, so liegt grds. keine Willenserklärung vor! Es können sich daher an ein Verhalten, das nicht willensgesteuert war, auch keine Konsequenzen wie beispielsweise ein Vertragsschluss knüpfen!

Zur Ausnahme: Rolf Schmidt, BGB AT, Rn.249 ff.

Fehlt der Geschäftswille, ist die Willenserklärung dennoch wirksam. Der Erklärende kann aber seine mit dieser Rechtsfolge ungewollte Erklärung nach den §§ 119 ff anfechten (sofern deren Voraussetzungen vorliegen). Er haftet dann aber gem. § 122 auf Schadensersatz.

Fehlt der Rechtsbindungswille liegt grundsätzlich keine wirksame Willenserklärung vor. Doch dazu gibt es Ausnahmen z.B. bei Willensmängeln i.S.d. § 164 Abs.2.

(Siehe dazu unten im 5. Kapitel)

Fehlt der Erklärungswille, ist die Lösung **problematisch**. Der Blick in das Gesetz vermag hier keine Klarheit zu verschaffen, da die §§ 116 ff, insbesondere die §§ 118, 119, keinen sicheren Schluss zulassen, ob der Erklärungswille entbehrlich ist oder nicht.

Lesen Sie dazu: MüKo-Kramer § 119, 96ff;
Diehn, *Streitstände Kompakt*, Bd. 3, BGB-AT/ SchR AT, Streitstand Nr.1

Zu dem hier in Frage stehenden Problem werden Ansätze vertreten, die sich im Wesentlichen in zwei Gruppen aufspalten lassen:

1. Aus dem Rechtsgedanken des § 118 ergebe sich, dass bei fehlendem Erklärungswillen **keine** wirksame Willenserklärung vorliege, aber § 122 analog angewendet werden könne.

Sog. **Willenstheorie**, vgl. Canaris NJW 1974, 521, 528;Thiele, JZ 1969, 405, 407.

2. Die Gegenansicht, die **Erklärungstheorie**, meint, auch bei fehlendem Erklärungsbewusstsein könne eine wirksame Willenserklärung vorliegen, die allerdings unter den Voraussetzungen des § 119 anfechtbar sei.

Medicus, AT Rn. 607; MüKo-Kramer, Vor. § 116, 13; BGHZ 91, 324ff.

3. Dabei sei aber noch zu differenzieren: Wusste der Erklärende oder hätte er erkennen können und erkennen müssen, dass seinem Verhalten rechtserheblicher Charakter von seiner Umwelt beigemessen wird, sei die **Erklärung** sei **dem Erklärenden zuzurechnen**. Anderenfalls liege keine wirksame Willenserklärung vor, die Erklärung könne ihm nicht zugerechnet werden.

War aber dem Erklärungsempfänger bewusst oder erkennbar, dass dem Erklärenden der Erklärungswille fehlt, so sei die Erklärung dem Erklärenden nicht zuzurechnen.

Rüthers / Stadler, § 17 Rn. 9ff;.

Sie haben in diesem Kurs nun erstmalig eine Stelle erreicht, an der Sie einem "Streit" begegnen. Zu der hier in Frage stehenden Problematik werden nämlich verschiedene Ansichten vertreten, die jeweils für sich in Anspruch nehmen, die richtige Lösung aufgezeigt zu haben. Derartige Streitstände gibt es an (viel zu) vielen Stellen in der Rechtslehre und zu den verschiedensten Themen. Sich mit ihnen auseinander zu setzen wird eine wesentliche Aufgabe während des weiteren Studiums sein, insbesondere bei der Anfertigung von Hausarbeiten. Ein solcher Streitstand bedarf dort, aber auch in einer Klausur, einer ganz bestimmten Aufbereitung, Verarbeitung und Darstellung.

Die Aufbereitung des Streitstandes stellt einen wesentlichen Teil der gedanklichen Arbeit Ihrer Lösung dar

Es gilt zunächst, die verschiedenen Ansichten herauszuarbeiten und deren Inhalt und Aussage in kurzer, präziser Form zusammenzustellen. Sprachlich erfolgt die Wiedergabe der einzelnen Ansichten im Konjunktiv!

Eine empfehlenswerte Zusammenstellung und mit klausurgerechter Aufbereitung wichtiger Streitstände finden Sie in der Reihe, ***Streitstände KOMPAKT***, Richter-Verlag.

Diese so erarbeitete Übersicht muss anschließend in den Fall aufgenommen, in ihm verarbeitet werden. Dazu ist wie folgt zu verfahren:

Die vorstehende Darstellung der verschiedenen Ansichten wird aber **so nicht** in das Gutachten aufgenommen. Vielmehr hat man, nach der Feststellung, dass an diesem Punkt ein Streitstand besteht, zunächst die Ansicht 1. darzustellen. Dann ist diese Ansicht **auf den Fall anzuwenden** und festzustellen, was sich für den jeweiligen Fall als konkretes Ergebnis ergibt.

Danach stellt man Ansicht 2. dar und arbeitet wiederum heraus, welches Ergebnis man mit diesem Ansatz erhielte. Gleiches gilt dann für die Ansicht 3 usw.

Man erhält auf diese Weise mehrere (hier zwei) Ergebnisse. Es folgt dann die sog. **Relevanzprüfung**. Dabei gilt es festzustellen, ob der Streit für die konkrete Falllösung von Bedeutung ist oder nicht.

Stimmen alle Ergebnisse überein, ist der Streit irrelevant und daher **nicht zu entscheiden**. Eine Entscheidung wäre hier nicht nur überflüssig, sondern, weil sie die Falllösung nicht fördert, sogar **falsch**! Es ist vielmehr unter Zugrundelegen des übereinstimmenden Ergebnisses weiterzuarbeiten.

Stimmen die Ergebnisse (teilweise) nicht überein, so ist der Streit (teilweise) zu entscheiden. Die **Streitentscheidung** erfordert eine intensive Auseinandersetzung mit den Argumenten, die für und gegen die verschiedenen Meinungen ins Feld geführt werden. Der Student soll dabei abwägen, argumentieren und auch eigene Gesichtspunkte in die Waagschale werfen. Schließlich ist aus den oben dargelegten Argumenten (in logisch schlüssiger Weise!) eine Entscheidung zu folgern und so das Ergebnis festzustellen.

Dieses Grundprinzip der Verarbeitung von Streitständen gilt in gleicher Weise für Hausarbeiten und Klausuren in allen Rechtsgebieten.

Subjektive Seite der Willenserklärungen

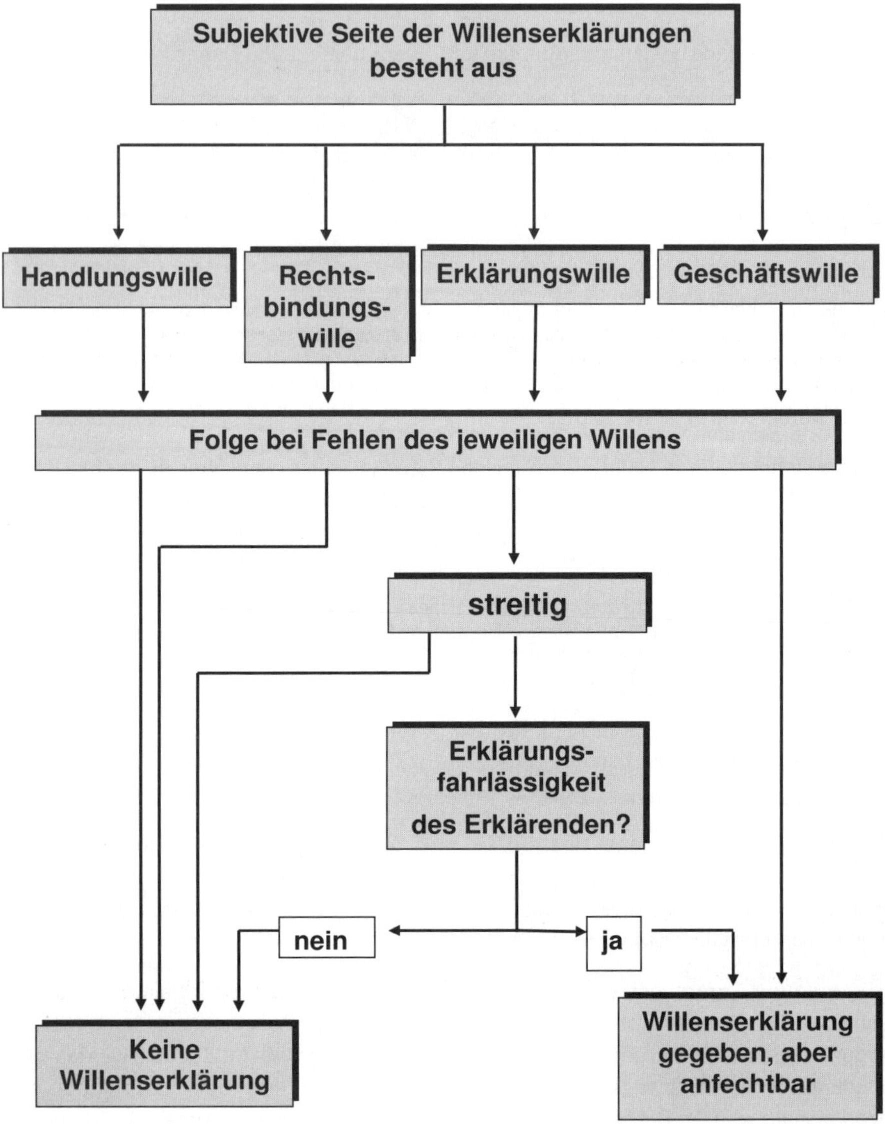

Fall 5:

A nimmt als Gast an einer Weinversteigerung in Trier teil. Während der Versteigerer V Gebote für ein Fass Wein entgegennimmt, entdeckt A seinen Freund F auf der anderen Seite des Raumes und winkt ihm zu. A ist entsetzt, als V ihm daraufhin das Fass Wein zuschlägt. Das Winken mit der Hand gilt nach den ausgehängten Versteigerungsbedingungen als Abgabe eines bestimmten Mehrgebotes. Muss A den Kaufpreis bezahlen?

Lösungsvorschlag

Versteigerer V könnte gegen A einen Anspruch auf Zahlung des Kaufpreises aus § 433 Abs.2 haben.

Dann müsste ein Kaufvertrag wirksam zustande gekommen sein. Der Abschluss eines Kaufvertrages setzt zwei inhaltlich übereinstimmende Willenserklärungen, Angebot und Annahme voraus. Aus § 156 ergibt sich, dass bei einer Versteigerung der Zuschlag als Annahme eines Angebotes, das der Bieter in Form seines Gebotes gemacht hat, zu sehen ist.

Hier könnte das Angebot daher durch A erfolgt sein, indem er die Hand hob. Fraglich ist, ob darin eine wirksame Willenserklärung zu erblicken ist.

Eine Willenserklärung setzt objektiv voraus, dass eine äußerlich erkennbare Willensäußerung (Erklärungstatbestand) vorhanden ist. In dem Handheben durch A bringt dieser für einen die Gebräuche einer Versteigerung kennenden objektiven Dritten zum Ausdruck, dass er ein Mehrgebot abgeben will.

> Für den rein objektiv zu beurteilenden Erklärungstatbestand kommt es allein auf diesen objektiven Eindruck an, der in eine völlig andere Richtung gehende Wille des A ist für den objektiven Tatbestand unbeachtlich!

Folglich ist der objektive Erklärungstatbestand eines Mehrgebotes gegeben.

Subjektiv setzt eine Willenserklärung zunächst einen Handlungswillen, also ein willensgesteuertes Verhalten voraus. Da A die Hand bewusst hob, dies also auf einem bewussten Willensakt beruhte, lag ein vom Willen gesteuertes Verhalten und damit der Handlungswille bei A vor.

Weiter müsste A jedoch auch Erklärungswillen gehabt haben. Das setzt das Bewusstsein, irgendwie rechtserheblich zu handeln und sich rechtlich binden zu wollen, voraus. Da A lediglich seinem Freund zuwinken wollte, war ihm gerade nicht gegenwärtig, dass sich daran Rechtsfolgen irgendeiner Art knüpfen könnten. Folglich fehlte ihm das Erklärungsbewusstsein.

Fraglich ist nun, welche Folge sich aus dem Fehlen des Erklärungswillens ergibt. Das Gesetz enthält keine Regelungen, wie die Fälle fehlenden Erklärungswillens zu behandeln sind.

Einerseits wird vertreten, bei fehlendem Erklärungsbewusstsein liege grundsätzlich keine wirksame Willenserklärung vor, sog. Willenstheorie. Danach hätte A kein Angebot abgegeben, so dass kein Kaufvertrag zustande gekommen wäre.

Andere meinen, dass auch in diesen Fällen grds. eine wirksame - wenn auch nach § 119 anfechtbare - Willenserklärung vorliege, sog. Erklärungstheorie. Dabei sei aber noch zu differenzieren: Hätte der Erklärende erkennen können und erkennen müssen, dass seinem Verhalten rechtserheblicher Charakter von seiner Umwelt beigemessen wird, so liege eine wirksame Willenserklärung vor. Wer sich, auch nur als Gast, auf eine Versteigerung begibt, hat sich so vorsichtig zu verhalten, dass er sich den dort üblichen Gebräuchen anpasst, sich ggf. erkundigt, sich also so verhält, dass eine Verwechslung seines Verhaltens mit einem Mehrgebot vermieden wird. Angesichts des vorhandenen Aushanges hat A diesen Sorgfaltsanforderungen nicht genügt, obwohl er dies hätte erkennen können, so dass hier demnach eine wirksame Willenserklärung anzunehmen wäre.

Da die verschiedenen Ansichten zu unterschiedlichen Ergebnissen gelangen, ist eine Entscheidung erforderlich.

Die Meinung, die keine wirksame Willenserklärung annimmt, führt als Argument im Wesentlichen den Rechtsgedanken des § 118 an, aus dem sich ergebe, dass gerade keine Bindung des Handelnden erfolgen könne. Dagegen lässt sich einwenden, dass § 118 gerade nicht diese Fälle im Auge hat, sondern vielmehr die sog. Scherzerklärungen. Da andererseits die Annahme einer Willenserklärung mit der Möglichkeit der Anfechtung die flexiblere Lösung darstellt, ist die Ansicht, die eine wirksame Willenserklärung bei fehlendem Erklärungsbewusstsein verneint, abzulehnen.

Damit liegt eine wirksame - jedoch nach § 119 anfechtbare - Willenserklärung, vor.
Wie sich aus § 156 ergibt, stellt das Mehrgebot des Bieters stets das Angebot dar. Dieses hat V durch seinen Zuschlag gem. § 156 angenommen.

Folglich ist ein Kaufvertrag wirksam zustande gekommen. V hat also gegen A Anspruch auf Zahlung des Kaufpreises aus § 433 Abs.2.

§§§§§§§§§§§§§§§§§§§§§

Wiederholungsfragen zum 3. Kapitel, 1.Teil

1. Was ist ein Rechtsgeschäft?	Eine private Willensäußerung, die auf einen vom Gesetz anerkannten Rechtserfolg gerichtet ist.
2. Was ist ein Realakt?	Eine rein tatsächliche Handlung, an die das Gesetz bestimmte Rechtsfolgen knüpft.
3. Nennen Sie Beispiele für Realakte.	Fund, § 965; Besitzerwerb nach § 854 Abs.1; Übergabe nach § 929.
4. Was sind geschäftsähnliche Handlungen?	Handlungen, die primär auf einen tatsächlichen Erfolg gerichtet sind, an den das Gesetz unabhängig vom Willen der Parteien rechtliche Folgen knüpft.
5. Wie sind geschäftsähnliche Handlungen zu behandeln?	Die Vorschriften über Willenserklärungen finden entsprechende Anwendung, so §§ 104 ff, 119 ff, 164 ff.
6. Nennen Sie Beispiele für geschäftsähnliche Handlungen.	Mahnung, 286 Abs.1; Fristsetzung, § 323 Abs.1; Aufforderung zur Genehmigung nach § 108 Abs.2 und nach § 177 Abs.3
7. Was besagt das Abstraktionsprinzip in wesentlichen Grundzügen?	Es bezeichnet die rechtliche Selbständigkeit von schuldrechtlichem Verpflichtungsgeschäft und dinglichem Erfüllungsgeschäft; die Unwirksamkeit des einen lässt die Wirksamkeit des anderen Geschäfts unberührt.
8. Wie wird bei der Vertragsfreiheit unterschieden?	Nach Abschlussfreiheit (ob und mit wem man Verträge schließt) und Gestaltungsfreiheit (welchen Inhalt man den Verträgen gibt).
9. Wie kommt ein Vertrag zustande?	Durch zwei sich inhaltlich deckende Willenserklärungen.
10. Was ist eine Willenserklärung?	Eine Willensäußerung, die auf einen vom Gesetz anerkannten Rechtserfolg gerichtet ist
11. In welche Teile zerfällt eine Willenserklärung?	In objektiven und subjektiven Tatbestand.
12. Was bezeichnen diese Teile und wie werden sie ggf. untergliedert?	Objektiv ein Erklärungshandeln und subjektiv ein Willensmoment; subjektiver Tatbestand: Handlungs-, Erklärungs-, Geschäftswille.
13. Welche Form der Erklärung ist für die objektive Seite ausreichend?	Auch schlüssiges (konkludentes) Handeln genügt.
14. Was besagt jene Erklärungsform?	Ein Verhalten, das lediglich aus dem Zusammenhang heraus verständlich wird.
15. Was soll der Handlungswille aus dem Bereich der Willenserklärung ausscheiden?	Unbewusste Verhaltensweisen, z.B. Reflexe.
16. Was beschreibt der Erklärungswille?	Sich irgendwie rechtserheblich zu verhalten
17. Was beschreibt der Geschäftswille?	Willen, bestimmte Rechtsfolgen herbeizuführen.

18. Konsequenz fehlenden a) Handlungs- b) Geschäfts- c) Erklärungswillens?	a) Willenserklärung unwirksam; b) Willenserklärung wirksam; c) Lage ist streitig.
19. Was ist bei sog. Streitständen der erste Schritt der Bearbeitung?	Herausarbeiten der verschiedenen Ansichten.
20. Welcher Grundsatz ist dabei zu beachten?	Fallbezogenes Arbeiten, d.h. nach jeder Ansicht die Anwendung auf den Fall durchführen.
21. Welches ist dann der nächste Schritt?	Kurze Darstellung der wesentlichen Aussagen der verschiedenen Ansichten und deren Anwendung auf den Fall.
22. Welches ist der dritte Schritt?	Vergleich der Ergebnisse, sogenannte Relevanzprüfung.
23. Wann ist ein Streit nur zu entscheiden?	Wenn die verschiedenen Ansichten zu unterschiedlichen Ergebnissen führen.
24. Was besagt der sog. Rechtsbindungswille?	Ob aus Sicht eines obj. Erklärungsempfängers der Wille sich rechtlich zu binden vorliegt
25. Was ist dabei fraglich?	Ob er als Teil des Erklärungswillens oder als selbständiges Element des subj. Tatbestands anzusehen ist.
26. Was geschieht bei fehlendem Rechtsbindungswillen?	Es liegt grds. keine Willenserklärung vor
27. Ausnahme dazu?	§ 164 Abs.2

Die Wirksamkeit der Willenserklärung

Oben wurden die Bestandteile der Willenserklärung herausgearbeitet. Damit eine Willenserklärung aber auch wirksam ist, kann es weiterer Voraussetzungen bedürfen.

Die Frage der Wirksamkeit der Willenserklärung ist zweckmäßigerweise erst zu prüfen, nachdem man festgestellt hat, dass die Willenserklärung als solche überhaupt vorhanden ist - denn: nur was existiert, kann auch wirksam sein!

Die Abgabe der Willenserklärung

§ 130 Abs.1 zeigt, dass das Gesetz zunächst davon ausgeht, dass jede Willenserklärung jedenfalls abgegeben werden muss. Die Willenserklärung ist abgegeben, wenn sie

willentlich aus der Sphäre des Erklärenden auf den Weg zum Empfänger gelangt ist.

Problematisch in diesem Bereich sind allein die Fälle sog. abhanden gekommener Willenserklärungen, in denen es an der Willentlichkeit der Entäußerung in den Rechtsverkehr fehlt. Es entsteht durch eine derartige Erklärung zwar keine Bindungswirkung, es fragt sich aber, ob der Empfänger der Erklärung nicht vielleicht schutzwürdig ist und daher Schadensersatz verlangen kann.

Bei bestehenden Verträgen wird Schadensersatz aus § 280 Abs.1 angenommen. Dagegen können im vorvertraglichen Bereich §§ 311 Abs.2, 241 Abs.2, 282, 280 Abs.1 eingreifen, soweit die Voraussetzungen dazu vorliegen (die Vorschriften der §§ 241 ff und 280 ff werden im Band 3, Schuldrecht, Allg. Teil, noch eingehend erörtert.). In der Literatur findet sich zudem eine Ansicht, die § 122 analog auf diese Fälle anwenden will - Argument: der Erklärende setze einen Rechtsschein, auf den der Empfänger vertrauen dürfe. Konsequenz dieser Auffassung ist, dass danach der Erklärende auch ohne Verschulden haftet.

Zu diesem Problemkreis: Diehn, Streitstände *Kompakt*, Bd.3, Streitstand 2.

Bsp.: *Putzfrau P nimmt das auf dem Schreibtisch des K liegende Schreiben, steckt es in einen Umschlag und schickt es ab, um K einen Gefallen zu erweisen. In diesem Schreiben hatte K die Annahme auf ein Angebot des V über den Erwerb einer Maschine formuliert, war sich aber noch nicht schlüssig, ob er den Vertrag auch wirklich schließen wollte. Kann V den Kaufpreis verlangen? – Fraglich ist, ob K eine wirksame Annahmeerklärung abgegeben hat. Da hier der Brief den Machtbereicht des K jedenfalls nicht mit seinem Willen verließ, liegt keine Abgabe vor und die Willenserklärung des K ist daher unwirksam. Überwiegend wird aber weiter differenziert, ob es zu der willenlosen Abgabe mit oder ohne Verschulden des Erklärenden kam. Falls die Abgabe mit Verschulden geschah, wird dennoch willentliche Abgabe angenommen, sonst nicht. Dazu z.B. Rüthers / Stadler, § 17, 38.*

Der Zugang der Willenserklärung

Wesentlich schwieriger sind die Fragen des Zugangs der Willenserklärung zu lösen. Nach § 130 Abs.1 werden nicht empfangsbedürftige Willenserklärungen mit der Abgabe, empfangsbedürftige erst mit Zugang wirksam.

Das Gesetz unterscheidet also bei den Anforderungen für die Wirksamkeit nach Empfangsbedürftigkeit und Nichtempfangsbedürftigkeit.

Empfangsbedürftige Willenserklärungen sind solche, die gegenüber einem Dritten abzugeben, an einen bestimmten Empfänger zu richten sind. Das ist bei solchen Erklärungen der Fall, in denen die Interessen des Empfängers ganz besonders und in unmittelbarer Weise berührt werden, er auf sein Verständnis der Erklärung vertrauen können muss, weil sein eigenes rechtsgeschäftliches Verhalten darauf aufbaut. Für sie ist nach § 130 Abs.1 Zugang erforderlich. Weit überwiegend sind Willenserklärungen empfangsbedürftig.

Bsp. *für empfangsbedürftige Willenserklärungen: Angebot und Annahme bei Verträgen, Kündigungen, Anfechtungserklärung, Rücktrittserklärung.*

Nichtempfangsbedürftige Willenserklärungen bedürfen dagegen keines Zugangs, es genügt für deren Wirksamkeit schon die Abgabe.

Bsp. *für nicht empfangsbedürftige Willenserklärungen: Testament, § 2231, Auslobung gem. § 657, Stiftung gem. §§ 80 f, Annahme nach §§ 151, 152.*

Der Zugang ist im Gesetz nicht definiert. Für den Zugang einer Willenserklärung ist zunächst erforderlich, dass

die Erklärung derart in den Machtbereich des Empfängers gelangt ist, dass dieser die Möglichkeit der Kenntnisnahme erhalten hat

Daraus, dass bereits die Möglichkeit der Kenntnisnahme ausreichen soll, kann man schließen, dass es auf **tatsächliche Kenntnis der Erklärung nicht ankommt**.

Es ist also in **zwei Schritten** zu prüfen:

1. Ist die Erklärung in den Machtbereich des Adressaten gelangt?
2. Bestand für diesen die Möglichkeit zur Kenntnisnahme?

Der **Machtbereich des Adressaten** besteht aus der von ihm beherrschten Sphäre. Dazu zählen seine Wohnung, seine Geschäftsräume, sein Grundstück und die Empfangsvorrichtungen für Willenserklärungen (Briefkasten). Weiter zählt auch die Speicherung auf Fax, Anrufbeantworter, Server und Computer dazu und schließlich jeder Bereich, der derart von ihm beherrscht wird, dass er die jederzeitige Zugriffsmöglichkeit auf die Erklärung hat.

Fall 6:
M ist Mieter bei V. Er will kündigen. Er schreibt daher dem V, dass er zum 1.3. die Wohnung kündige. Der Brief geht jedoch auf dem Postweg verloren und trifft daher nicht bei V ein. V verlangt die Miete für den Monat März. Zu Recht?

Lösungsvorschlag

Sie haben damit einen ersten kleinen Einstieg in das Mietrecht vorzunehmen. Auch hier ist wieder nach einer der Fallfrage entsprechenden Anspruchsgrundlage zu suchen. Die Miete ist in den §§ 535 ff geregelt und in § 535 Abs.2 ist die Pflicht zur Mietzinszahlung normiert.

V könnte gegen M einen Anspruch auf Mietzinszahlung aus § 535 Abs.2 haben.

Dann müsste ein Mietvertrag wirksam zustande gekommen sein. Laut Sachverhalt ist M Mieter bei V. Mangels gegenteiliger Hinweise kann man daraus entnehmen, dass das Verhältnis zwischen M und V als Miete i.S.d. §§ 535 ff anzusehen ist, so dass von einem wirksamen Zustandekommen eines Mietvertrages auszugehen ist. Damit hätte V einen Anspruch auf die Mietzahlung, es sei denn, der Mietvertrag wäre später erloschen.

Sie haben hier den typischen Aufbau vertraglicher Ansprüche vorliegen. Man prüft zunächst, ob der Vertrag wirksam zustande gekommen ist. Nur wenn dies der Fall ist, braucht man anschließend noch zu fragen, ob er vielleicht zu späterer Zeit wieder erloschen ist.

Merken Sie daher: **Erster Schritt: Anspruch entstanden?**
Zweiter Schritt: Anspruch erloschen?

Dies wäre der Fall, hätte M wirksam das Mietverhältnis gem. §§ 542, 573c gekündigt. Da die Kündigung eine empfangsbedürftige Willenserklärung ist, ist neben der Abgabe der Erklärung nach § 130 auch deren Zugang beim Erklärungsempfänger erforderlich. Zugang bedeutet, dass die Erklärung derart in den Machtbereich des Empfängers gelangt, dass dieser die Möglichkeit zur Kenntnisnahme hatte. M entäußerte die Erklärung mit Absenden in den Rechtsverkehr, eine Abgabe ist also erfolgt. Der Brief ist jedoch nicht bei V angekommen, folglich nicht in dessen räumlichen Machtbereich gelangt. Daher liegt Zugang i.S.d. § 130 Abs.1 nicht vor, deshalb ist die Willenserklärung nicht wirksam geworden, die Kündigung mithin unwirksam. Damit ist der Mietvertrag nicht erloschen. V hat also einen Anspruch gegen M auf Zahlung des Mietzinses für den Monat März aus § 535 Abs.2.

Angesichts dieses Ergebnisses kommt es auf die weiteren Voraussetzungen einer wirksamen Kündigung über Wohnraum nicht an, vgl. z. B. § 568 Abs.1: Schriftform.

§§§§§§§§§§§§§§§§§§§§§§§§

Noch nicht geklärt ist damit, **wann** der Zugang erfolgt (**Zugangszeitpunkt**). Überwiegend wird angenommen, Zugang liege erst dann vor, wenn

unter gewöhnlichen Umständen, also nach den Gepflogenheiten des Rechtsverkehrs, die Kenntnisnahme zu erwarten ist

(so z. B. Rüthers / Stadler, § 17, Rn.48;
zum Meinungsstand: Diehn, Streitstände *Kompakt*, Bd.3, Streitstand 3).

Die Frage des Zugangszeitpunktes und damit der Rechtzeitigkeit ist danach also Element des Zugangs. Fehlt es danach an der Rechtzeitigkeit, liegt auch kein Zugang vor. Für verschiedene Bereiche ergeben sich daher auch verschiedene Zugangszeitpunkte.

Bsp: *Bei Geschäftspost kann nur innerhalb der Geschäftszeiten Kenntnisnahme erwartet werden. Bei Privatleuten kann nur erwartet werden, dass diese nach der üblichen Postanlieferung den Briefkasten einmal täglich leeren. Nicht erwarten kann man also, dass ein um 20.30 Uhr eingeworfener Brief noch an diesem Tag zur Kenntnis genommen wird.*

Bsp.: *Wann die Kenntnisnahme bei einer E-mail normalerweise erwartet werden kann, ist in gleicher Weise zu bestimmen: im Geschäftsverkehr wird man ähnlich wie bei Geschäftspost von einer Möglichkeit und damit auch von einer zu erwartenden Kenntnisnahme unmittelbar nach Speicherung auf dem Server ausgehen können, sofern die Mail dort während der üblichen Geschäftszeit eingeht, sonst am Beginn des nächsten (Büro)Tages. Im Privatbereich kann man wohl von einem Abruf einmal täglich ausgehen. Wann tatsächlich abgerufen wird ist unerheblich.*

Die h.L. meint ferner, dass derjenige, der eine E-mail Adresse angebe, auch dafür Sorge tragen müsse, dass er die Mails erhält, denn darauf könne der Absender vertrauen. Gleiches gelte für die Angabe von Postfach oder Faxnummer. Das Risiko einer Fehlfunktion von Geräten auf der Empfängerseite trage damit dieser.

Beachten Sie: wird die Erklärung tatsächlich vor dem Zeitpunkt der zu erwartenden Kenntnisnahme gelesen, so gilt dieser Moment als Zugangszeitpunkt.

Zugangshindernisse können vor allem vorliegen, wenn der Empfänger nicht in seinem üblichen Machtbereich weilt, z. B., weil er verreist ist. Dann besteht die tatsächliche Möglichkeit der Kenntnisnahme eigentlich erst mit Rückkehr aus der Abwesenheit. Dennoch ist man (m.E. verfehlt) der Auffassung, dass bereits mit Gelangen in den Machtbereich auch in derartigen Fällen schon Zugang vorliege.

So z.B. Rüthers / Stadler § 17 Rn. 49.

Das bedeutet faktisch – um dieses unsinnige Ergebnis zu vermeiden – dass jeder bei örtlicher Abwesenheit Postbevollmächtigte benennen oder Nachsendeanträge stellen muss. Inwieweit diese Grundsätze auch gelten, wenn der Absender definitiv weiß oder wissen konnte, dass der Empfänger verreist ist, wird wohl unterschiedlich beurteilt, vgl. Medicus AT, Rn.283.

Ausnahmen werden kaum zugelassen, selbst bei Krankenhausaufenthalten oder Haft wird Zugang mit Eingang in den Machtbereich angenommen.

Dies bedeutet, dass es hier tatsächlich gar nicht mehr auf eine Prüfung ankommt, wann denn der Zugang erwartet werden konnte, sondern es wird faktisch Zugang fingiert.

Einschreiben usw. haben daher nur noch die Funktion, den Beweis des in den Machtbereich Gelangens zu erbringen, denn damit liegt dann auch immer Zugang vor. Zum besonderen Problem bei Übergabeeinschreiben: Diehn, Streitstände *Kompakt*, Bd.3, Streitstand 5.

Bei E-mail und Fax gilt: wer Adresse angibt, muss für Erreichbarkeit sorgen, anderenfalls muss er sich gem. § 242 so behandeln lassen, als hätte er Fax /E-mail empfangen.

Dazu näher: Palandt-Heinrichs-Ellenberger § 130, 17.

Probleme bereiten ferner die Fälle, in denen **zum Zwecke der Erklärung Dritte eingeschaltet** werden. Damit erhöht sich zwangsläufig die Gefahr, dass die Erklärungen nicht, nicht richtig oder nicht rechtzeitig übermittelt werden. Dieses Übermittlungsrisiko ist auf Absender und Empfänger zu verteilen: Jeder hat die Risiken zu tragen, die seinem Machtbereich zuzuordnen sind. Bedient sich der Erklärende einer Person zur Übermittlung (**Erklärungsbote**), so gehen dessen Fehler zu seinen Lasten. Ebenso verhält es sich auf der anderen Seite mit sog. **Empfangsboten**.

Fraglich ist auch die Behandlung der Fälle, in denen der Erklärende nicht den Empfänger, sondern eine **andere Person** antrifft und dieser die Erklärung übermittelt. Zu klären ist dabei, ob diese Person Empfangs- oder Erklärungsbote ist, mit der entsprechenden Folge für das Übermittlungsrisiko.

Empfangsbote soll in diesen Fällen derjenige sein, der **ermächtigt ist** oder auch nur **nach der Verkehrssitte als ermächtigt gelten kann**, Erklärungen für den Empfänger entgegen zu nehmen. Zusätzlich muss er dazu **bereit und geeignet** sein. Die Eignung ist dabei nicht abstrakt zu bestimmen, sondern bedarf der Klärung in jedem Einzelfall.

***Bsp. für die Eignung**: Ehefrau, Ehemann, Oma, Opa, Hausangestellte (häuslicher Bereich), Büroangestellte (Geschäftsbereich).*

***Gegenbsp. für Ungeeignetheit**: Der im Haus zufällig arbeitende Installateur, das dreijährige Kind.*

Zu unterscheiden sind diese Fälle der Erklärungs- und Empfangs**boten** von denen der Erklärungs- und Empfangs**vertreter**. Bei letzteren handelt es sich nicht um Erklärungen unter Abwesenden, sondern um **Erklärungen gegenüber Anwesenden**, da die Erklärung bei Vertretung gegenüber dem Vertreter und nicht gegenüber dem Vertretenen erfolgt. Zur Abgrenzung zwischen Bote und Vertreter s.u. 5. Kapitel.

Die vorstehenden Grundsätze betreffen, wie sich aus § 130 Abs.1 ergibt, eigentlich die Erklärungen unter Abwesenden, also sich nicht unmittelbar verständigenden Personen. Die **Erklärung unter Anwesenden** hat demgegenüber keine gesetzliche Regelung erfahren. Es haben sich jedoch einige Grundsätze herausgebildet:

Schriftliche Erklärungen gehen dem Empfänger mit Übergabe zu. Mündliche **Erklärungen** sollen erst bei tatsächlich richtiger akustischer Wahrnehmung zugehen (sog. Vernehmungstheorie). Allerdings wird heute überwiegend nach dem Gedanken einer angemessenen Risikoverteilung die Vernehmungstheorie eingeschränkt. Wurde die Erklärung derart abgegeben, dass mit deren richtiger Wahrnehmung zu rechnen war trägt das Risiko des Missverstehens der Empfänger, d.h. es wird Zugang unterstellt.

Vgl. dazu auch Rüthers / Stadler, § 17, Rn 56.

Als Erklärung gegenüber Anwesenden gilt auch die Übermittlung mittels Telefon, vgl. § 147 Abs.1 S.2, Videokonferenz oder Chat, nicht aber mittels E-mail, Rüthers/Stadler § 17, 54.

Der Widerruf der Erklärung

Bis zum Zeitpunkt des Zugangs kann eine Erklärung gem. § 130 Abs.1 S.2 widerrufen werden. Erforderlich ist insoweit, dass der **Widerruf vorher oder gleichzeitig** mit der zu widerrufenden Erklärung **zugeht**. Es kommt hier also auf dem Abgleich der beiden **Zugangszeitpunkte** an!

Umstritten sind hier aber die Fälle, in denen der Widerruf objektiv zu spät zugeht - also **nach** der zu widerrufenden Erklärung - jedoch der Empfänger tatsächlich zuerst den Widerruf zur Kenntnis nimmt. Z.T. wird streng nach dem Gesetz, § 130 Abs.1 S.2, entscheiden und Verspätung angenommen. Dagegen meinen andere, der Widerruf sei wirksam, da der Empfänger nicht schutzwürdig sei, denn schließlich habe er die eigentliche Erklärung noch gar nicht gekannt, als er den Widerruf zur Kenntnis nahm. Daher habe bei ihm auch noch gar kein Vertrauen in die ursprüngliche Erklärung entstehen können (so z.B. Brox-Walker, AT, Rn 154).

Beachten Sie:

Das Widerrufsrecht bei Haustürgeschäften- und Verbraucherverträgen hat in den §§ 312 ff und 355 ff eine besondere Ausgestaltung erfahren!

Fall 7:

K sieht bei V einen Flachbildfernseher zum Preis von 598,- EUR. Da ihm das Angebot zusagt, schreibt er daher an V, dass er ein solches Gerät bestellen wolle.
Zufällig entdeckt K am Tag darauf bei X das gleiche Gerät für 539,- EUR. Daraufhin schreibt er an V, dass er seine Bestellung zurücknehme. Er geht selbst zum Geschäft des V, aber dieses ist bereits geschlossen als er dort um 19.15 Uhr eintrifft. Deshalb wirft K den Brief in den Briefkasten neben der Eingangstür.
Der Brief mit der Bestellung war bei V bereits an diesem Tage um 13.30 Uhr eingegangen, aber V hatte wegen seiner Inventur die gesamte Geschäftspost unerledigt zur Seite gelegt. Erst am nächsten Morgen liest er die beiden Schreiben des K und teilt K mit, dass er das gewünschte Gerät in zwei Tagen liefern werde.
Hat V Anspruch auf Abnahme des Fernsehers und Zahlung des Kaufpreises?

Lösungsvorschlag

V könnte gegen K einen Anspruch auf Zahlung und Abnahme des Fernsehers aus § 433 Abs. 2 haben.

Dann müsste ein wirksamer Kaufvertrag zwischen V und K zustande gekommen sein. Dies setzt zwei übereinstimmende Willenserklärungen seitens der Vertragsparteien voraus. Ein Angebot könnte K gemacht haben, als er an V ein Bestellschreiben abschickte. Dadurch bringt K zum Ausdruck, dass er einen Kaufvertrag schließen will, also liegt eine auf einen Rechtserfolg gerichtete Erklärung, damit eine Willenserklärung und somit ein Angebot vor.

Fraglich ist jedoch, ob diese Willenserklärung wirksam ist. Zur Wirksamkeit ist zunächst erforderlich, dass die Erklärung dem V zugegangen ist. Zugang bedeutet, dass die Erklärung derart in den Machtbereich des V gelangt ist, dass für diesen die Möglichkeit zur Kenntnisnahme bestand. Da der Brief mit der Bestellung bei V eingegangen ist, ist die Erklärung in den Machtbereich gelangt. Da schließlich V die Geschäftspost auch liest, hat er nicht nur die Möglichkeit zur Kenntnisnahme gehabt, sondern sogar tatsächlich Kenntnis von dem Schreiben erlangt. Zugang des Bestellschreibens ist somit gegeben.

Der Wirksamkeit der Erklärung könnte jedoch ein wirksamer Widerruf gemäß § 130 Abs. 1 S.2 entgegenstehen. Dieser setzt zunächst ebenfalls Zugang der Widerrufserklärung voraus. K wirft den Brief in den Briefkasten des V. Der Briefkasten zählt zur Machtsphäre einer Person und daher ist der Brief in den Machtbereich des V gelangt. Da V das Schreiben tags darauf auch liest, hat er tatsächlich Kenntnis erlangt, die Möglichkeit der Kenntnisnahme bestand daher in jedem Falle.

Weitere Voraussetzung für einen wirksamen Widerruf ist jedoch, dass dieser vor oder zumindest gleichzeitig mit der fraglichen Bestellungserklärung des K dem V zugegangen ist. Für die Bestimmung des Zugangszeitpunktes kommt es nicht auf die tatsächliche Kenntnisnahme an, sondern auf den Zeitpunkt, in dem unter normalen Umständen die Möglichkeit zur Kenntnisnahme bestand.

Der Brief mit der Bestellung war dem V um 13.30 Uhr mit der Post übergeben worden. Da es sich bei V um einen Geschäftsbetrieb handelt, kann bei Eingang eines Schreibens innerhalb der Geschäftszeit davon ausgegangen werden, dass üblicherweise dieses Schreiben unverzüglich zur Kenntnis genommen wird. Damit bestand für V die Möglichkeit zur Kenntnisnahme dieses Schreibens noch an diesem Tage.

Damit wäre Zugang an diesem Tage gegeben, es sei denn, dem stünde entgegen, dass V wegen der Inventur die gesamte Geschäftspost unerledigt ließ. Eine Angelegenheit wie die Inventur ist allein dem Risikobereich des V zuzurechnen und stellt einen ungewöhnlichen Umstand dar, der sich nicht auf die Frage des Zugangszeitpunktes auswirken kann. Damit bleibt es bei der Möglichkeit zur Kenntnisnahme des Bestellschreibens am Tage des Einganges. Damit liegt Zugang unmittelbar nach dem Eingang des Schreibens vor.

Der Brief mit dem Widerrufsschreiben wurde am gleichen Tag um 19.15 Uhr in den Geschäftsbriefkasten geworfen. Bei Geschäftsbriefkästen kann nicht erwartet werden, dass dieser noch nachts geleert wird. Daher ist bei Einwurf außerhalb der Geschäftszeit, was um 19.15 Uhr der Fall ist, davon auszugehen, dass dieser erst am nächsten Morgen zur Kenntnis genommen wird. Damit bestand die Möglichkeit zur Kenntnisnahme für dieses Schreiben erst am folgenden Morgen. Also liegt der Zugang dieses Schreibens jedenfalls erst am folgenden Tag und damit nach dem Bestellschreiben vor. Folglich fehlt es an den Voraussetzungen des § 130 Abs. 1 S.2, ein rechtzeitiger Widerruf ist nicht gegeben. Daher hätte K ein wirksames Angebot abgegeben.

Nach anderer Ansicht soll in derartigen Fällen der gleichzeitigen Kenntnisnahme von einem rechtzeitigen Widerruf auszugehen sein.

Zwar spricht hier der eindeutige Gesetzeswortlaut für die erste Auffassung, jedoch spricht für die Gegenansicht, dass beim Empfänger noch gar kein Vertrauen in die ursprüngliche Erklärung entstehen konnte, er also deshalb nicht schutzwürdig war, als er den Widerruf zur Kenntnis nahm. Daher ist dieser Meinung zu folgen. Somit liegt ein wirksamer Widerruf, folglich kein wirksames Angebot und mithin kein wirksamer Kaufvertrag vor.

Also hat V keinen Anspruch auf Bezahlung und Abnahme des Gerätes aus § 433 Abs.2.

§§§§§§§§§§§§§§§§§§§§§§§§§§§§§§

Auslegung der Willenserklärung

Der Begriff der Auslegung taucht in verschiedenen Zusammenhängen auf. Man spricht von **Sachverhaltsauslegung, Gesetzesauslegung, Vertragsauslegung** und der **Auslegung von Willenserklärungen**. Alle diese Arten der Auslegung bezeichnen verschiedene Vorgänge, folgen unterschiedlichen Regeln und sind daher streng voneinander zu trennen. An dieser Stelle wird nur auf die **Auslegung von Willenserklärungen** eingegangen, die anderen Fälle, in denen Auslegung eine Rolle spielt, werden an späterer Stelle erörtert.

Da Willenserklärungen das Mittel sind, mit dem die am Rechtsleben teilnehmenden Personen ihre Rechts- und Lebensverhältnisse gestalten, gilt es genau festzustellen, was mit den Erklärungen gewollt war. Nicht selten ergibt sich dieser Wille aber gar nicht eindeutig aus dem Erklärten. Die Erklärung ist daher auf den darin enthaltenen tatsächlichen Willen zu untersuchen, vgl. § 133. Dies sind die meist wenig problematischen Grundfälle der Auslegung.

Nicht selten geschieht es aber auch, dass eine solche unklare Erklärung vom Empfänger in ganz bestimmter Weise aufgefasst wird, jedoch anders, als der Erklärende sie gemeint hat. Fraglich ist dann, wie dieses Spannungsverhältnis rechtlich zu lösen ist. Zu diesen Problemfällen werden verschiedene Lösungsansätze vertreten.

Die ältere Willenstheorie, Empfängertheorie und Erklärungstheorie haben heute keine Bedeutung mehr.

Die heute wohl noch überwiegende Ansicht geht zwar von der (rein objektiven) Erklärungstheorie aus, meint dann aber, Ausgangspunkt für die objektive Betrachtung müsse der Horizont des jeweiligen Erklärungsempfängers sein, also, was ein verständiger Dritter, den man sich an die Stelle des Empfängers denkt, unter einer solchen Erklärung verstehen musste.

Vgl. dazu z.B. Rüthers / Stadler, § 18, Rn. 8ff.

Z.T. wird dieser Grundsatz aber dahingehend eingeschränkt, dass die Person des Erklärenden mit zu berücksichtigen sei. Danach sind solche Umstände zugunsten des Erklärenden außer Acht zu lassen, die nicht in seine, sondern in die Sphäre des Empfängers fallen. Man nimmt hier also eine Korrektur nach dem Gedanken einer **angemessenen Risikoverteilung** vor.

Siehe dazu Medicus, AT,Rn.325 f,

Fall 8:

Gast G bestellt bei Wirt W ein Pils vom Fass. Auf der Karte hatte Scherzvogel S zuvor den Preis von Euro 3,50 auf Euro 2,50 "ermäßigt". G erhält ein Pils, W verlangt Euro 3,50. Zu Recht?

Suchen Sie zunächst eine mögliche Anspruchsgrundlage!

Die Suche nach einer Anspruchsgrundlage bereitet in diesem Fall einige Schwierigkeit. Das Verhältnis, das zwischen G und W besteht, könnte man als Bewirtungsverhältnis und einen damit zusammenhängenden Vertrag als Bewirtungsvertrag bezeichnen. Eine ausdrückliche Regelung eines solchen Vertragsverhältnisses findet sich im Gesetz nun nicht. Versuchen Sie zunächst einmal herauszufinden, aus welchen Elementen und Vertragstypen sich der Bewirtungsvertrag zusammensetzt.

Sie haben Kauf- (Erwerb des Bieres), Dienst- (Zapfen und Servieren) und Mietvertragselemente (Überlassung von Glas, Tisch, Raum etc.). Ein möglicher Ansatz bei solchen Verträgen ist es, für die Anspruchsgrundlage auf allgemeine Vorschriften zurückzugreifen. Es sind dies die §§ 241, 311 Abs.1 (lesen!). Sie sind Anspruchsgrundlage für alle "arteigenen" Verträge, wie hier für den Bewirtungsvertrag. Der weitere Vertragsinhalt, insbesondere die gegenseitigen Pflichten, lassen sich nicht diesen Vorschriften entnehmen, sondern ergeben sich vorrangig aus den ausdrücklichen, vor allem aber aus den aus den Gesamtumständen zu folgernden konkludenten Parteivereinbarungen. Hilfsweise sind die Normen des nächsten im BGB geregelten Bereichs heranzuziehen.

Andere wollen in diesen Fällen stets mit der Lehre vom gemischten Vertrag arbeiten. Danach hat man abzuwägen, wo der Schwerpunkt des jeweiligen Vertrages liegt und dann aus diesem Bereich die Anspruchsgrundlage zu nehmen.

Hier wird der Lehre vom arteigenen Vertrag gefolgt.

W könnte gegen G einen Anspruch auf Zahlung der Euro 3,50 aus einem Bewirtungsvertrag gem. §§ 241, 311 Abs.1 haben.

Verfehlt wäre es, abstrakt, ohne Fallbezug, Ausführungen zur Rechtsnatur des Bewirtungsvertrages zu machen. Dies erfolgt allenfalls innerhalb der Falllösung und auch nur, soweit es darauf tatsächlich ankommt.

Dann müsste ein Bewirtungsvertrag über die Lieferung eines Bieres zum Preis von Euro 3,50 wirksam zustande gekommen sein.

Auch ein solcher Vertrag eigener Art (sui generis) setzt zwei inhaltlich übereinstimmende Willenserklärungen voraus.

Das Angebot könnte man hier zunächst in der Speisekarte des W erblicken. Da sich der Wirt jedoch vorbehalten dürfte, das Servieren, z.B. wenn das Essen ausgegangen ist, abzulehnen, fehlt insoweit noch der Wille des W, sich rechtlich zu binden. Damit fehlt W der erforderliche Rechtsbindungswille und somit das Erklärungsbewusstsein. In diesen Fällen ist fraglich, ob eine Willenserklärung gegeben ist. Nach überwiegender Ansicht (siehe dazu oben Fall 5) kommt es darauf an, ob der Erklärungsempfänger, hier also G, das Fehlen des rechtlichen Bindungswillens erkennen konnte. Da ein objektiver Betrachter weiß, dass es ein Wirt ablehnen kann, eine Speise zu servieren, fehlt es daher an einer Willenserklärung des W, es handelt sich bei der Speisekarte vielmehr nur um eine bloße "invitatio ad offerendum".

Ein Angebot könnte aber in der Bestellung des G liegen. Fraglich ist dabei jedoch, welchen Inhalt seine Erklärung aufwies. Dies ist durch sachgerechte Auslegung der Willenserklärung zu ermitteln. Aufgrund der Karte bezog sich G auf einen Preis von Euro 2,50. Erklärungen sind im Grundsatz aber vom verobjektivierten Empfängerhorizont aus zu betrachten. Ein objektiver Beobachter in der Person des Wirtes hätte nur Kenntnis vom richtigen Preis gehabt, musste daher der Äußerung des G den Inhalt "Pils zu Euro 3,50" beimessen.

Zweifelhaft ist dann weiter, ob ein solches Angebot zu Euro 3,50 von W angenommen wurde. Die Annahme könnte im Servieren des Bieres durch W liegen. Das Verhalten lässt den Schluss zu, dass W das Angebot des G annehme, er erklärt mithin in Form schlüssigen Verhaltens die Annahme. Fraglich ist aber auch hier der Inhalt der Erklärung. Dies ist durch sachgerechte Auslegung zu ermitteln. Geht man wiederum vom verobjektivierten Empfängerhorizont aus, so hätte ein objektiver Beobachter in der Person des G darin eine Annahme zu Euro 2,50 erblicken müssen. Folglich hätte W das Angebot des G nicht angenommen, so dass kein Vertrag zustande gekommen wäre.

Der daraus resultierenden Abwicklung des Falles über das Bereicherungsrecht (§§ 812 ff) treten aber einige Autoren entgegen. Sie meinen, in solchen Fällen sei eine sachgerechte Lösung nur über eine angemessene Risikoverteilung zu erreichen. Es seien daher nämlich solche Umstände zugunsten des Erklärenden nicht mit zu berücksichtigen, die nicht in seine, sondern in die Risikosphäre des Empfängers fallen. Für den vorliegenden Fall bedeutet dies, dass der W als Wirt sich eher um den ordnungsgemäßen Zustand der Karten zu kümmern hat, als ein Gast. Die Änderung der Karte ist damit der Risikosphäre des W zuzurechnen. Damit bleibt dieser Umstand zugunsten des G außer Acht, so dass beide Willenserklärungen ein Pils zu Euro 2,50 zum Gegenstand hatten.

Da die Ansichten zu verschiedenen Ergebnissen gelangen, ist der Streit zu entscheiden. Die erstere Auffassung kann für sich in Anspruch nehmen, klare und wertungsfreie Ergebnisse zu erzielen. Sie muss sich jedoch entgegenhalten lassen, dass nicht einzusehen ist, weshalb das Risiko, dass im Betrieb des W etwas schief geht, auf Seiten des G Niederschlag finden soll. Da die gesetzlichen Regelungen letztlich dem Rechtsfrieden durch Herbeiführung eines möglichst gerechten Zustandes dienen sollen, kann der Gedanke angemessener Risikoverteilung nicht außer Acht bleiben. Daher ist der zweiten Meinung zu folgen.

Es ist demnach ein Bewirtungsvertrag über die Lieferung eines Bieres zu Euro 2,50 geschlossen worden. Also hat W einen Anspruch gegen G auf Zahlung von nur Euro 2,50 und nicht von Euro 3,50 aus einem Bewirtungsvertrag gem. §§ 241, 311 Abs.1.

§§§§§§§§§§§§§§§§§§§§§§§§§

LIT Lesen Sie zur **Vertiefung**:

1. Zu den Bestandteilen einer Willenserklärung: Rüthers / Stadler § 17 Rn 1 – 13.
2. Zum Zugang: MEDICUS, Allgem. Teil, Rn 268 - 291.
3. Zum Widerruf: MEDICUS, Allgem. Teil, Rn 298 - 300;
4. Zur Auslegung: MEDICUS, Allgem. Teil, Rn 319 – 326.

Fälle der sog. falsa demonstratio non nocet

Nun mag es geschehen, dass die Parteien eines Rechtsgeschäfts sich bei der Darlegung ihres Willens falsch ausdrücken. Verwenden beide übereinstimmend die gleichen Begriffe in entsprechender Weise falsch, so ist nach den vorstehenden Grundsätzen ein Vertrag mit dem von den Parteien eigentlich gar nicht gewollten Inhalt zustande gekommen, denn die aus dem Empfängerhorizont verobjektivierten Willenserklärungen stimmen ja überein. Es würde jedoch dem Sinn der Rechtsordnung und damit des Gesetzes widersprechen, beließe man es bei diesem Ergebnis. Schließlich hat man Rechtssätze geschaffen, um Konflikte im Zusammenleben der Menschen regeln zu können. Ein solches Regelungsbedürfnis besteht hier aber nicht, da die Parteien beide den gleichen Erfolg wollen. Dann ist es aber nicht einzusehen, weshalb das Recht sie beide an einen anderen Erfolg binden soll. Daher lässt man in diesen Fällen eine Ausnahme von den obigen Grundsätzen zu: Haben die Parteien übereinstimmend dasselbe gewollt und lediglich den Vertragsgegenstand (oder Teile davon) falsch bezeichnet, so ist ausnahmsweise der übereinstimmende innere Wille der Parteien maßgeblich (Fälle der sog. *falsa demonstratio non nocet*).

Fall 9: (Nach RGZ 99, 147)

K will von V Walfleisch kaufen und bestellt es bei V unter der norwegischen Bezeichnung Haakjöringsköd (Haifischfleisch). Sowohl K als auch V verstehen jedoch irrtümlich unter dieser Bezeichnung das von K gewünschte Walfleisch, das V schließlich auch liefert. Kann V Bezahlung des Fleisches von K verlangen?

Lösungsvorschlag

V könnte gegen K einen Anspruch auf Kaufpreiszahlung aus § 433 Abs.2 haben.

Dann müsste ein Kaufvertrag wirksam zustande gekommen sein. Der Abschluss eines Kaufvertrages setzt zwei inhaltlich übereinstimmende Willenserklärungen voraus, Angebot und Annahme. Das Angebot liegt in der Bestellung von Haakjöringsköd bei V. Dieses hat V mit der Antwort an K angenommen. Da beide Parteien jedoch übereinstimmend eigentlich Walfleisch meinten, ist fraglich, ob ein Kaufvertrag über Haifisch- oder Walfleisch zustande gekommen ist. Der objektive Erklärungswert der Erklärungen des K, wie der des V, beinhaltet Haifischfleisch als Vertragsgegenstand, auch und gerade wenn man die Erklärungen aus der Sicht des jeweiligen Empfängers betrachtet. Demgegenüber stimmen im subjektiven Bereich beide Erklärungen im Hinblick auf Walfleisch als Kaufgegenstand überein. In derartigen Fällen, in denen die Parteien übereinstimmend das Gleiche wollen, jedoch ebenso übereinstimmend das Falsche erklären, kommt der Vertrag ausnahmsweise nicht zu den objektiv erklärten Bedingungen, sondern zu den subjektiv gewollten zustande, Grundsatz der sog. falsa demonstratio non nocet. Folglich ist ein Kaufvertrag über Walfleisch zwischen K und V wirksam zustande gekommen. Also hat V einen Anspruch auf Bezahlung des Walfleisches gegen K aus § 433 Abs.2

§§§§§§§§§§§§§§§§§§§§§§§§§§

Wiederholungsfragen zum 3. Kapitel, 2. Teil

1. Was versteht man unter Abgabe einer Willenserklärung?	Erklärung wird willentlich aus dem Machtbereich des Erklärenden auf den Weg zum Empfänger gebracht
2. Was versteht man unter Zugang?	Derartiges Gelangen in den Machtbereich des Empfängers, dass dieser die Möglichkeit der Kenntnisnahme erhalten hat
3. Was sind empfangsbedürftige Willenserklärungen?	Solche, die gegenüber einem Dritten abzugeben sind
4. Beispiele für solche Willenserklärungen?	Angebot und Annahme bei Verträgen, Kündigungen, Anfechtungserklärungen, Rücktrittserklärungen
5. Beispiele für nicht empfangsbedürftige Willenserklärungen?	Testament, Auslobung, Stiftung, Annahme nach §§ 151, 152.
6. Was ist von der Frage des Zugangs zu unterscheiden?	Der Zugangszeitpunkt.
7. Wann ist eine Erklärung zugegangen?	Dies ist streitig, überwiegend wird angenommen, dann, wenn unter normalen Umständen nach den Gepflogenheiten des Rechtsverkehrs die Kenntnisnahme erwartet werden konnte.
8. Wie ist das Risiko fehlerhafter Übermittlung zu verteilen?	Nach Machtbereichen - wer sich Dritter bedient, trägt das Risiko für deren Fehler.
9. Wann ist jemand als Empfangsbote anzusehen?	Wenn er ermächtigt ist oder nach der Verkehrssitte als ermächtigt gelten kann, Erklärungen für den Empfänger entgegen zu nehmen.

10. Wovon sind Erklärungs-/Empfangs**boten** zu unterscheiden und worin liegt der Unterschied?	Von Erklärungs-/Empfangs**vertretern**. Dort erfolgt die Erklärung unter Anwesenden.
11. Wie ist die Willenserklärung per Telefon einzuordnen?	Sie ist Erklärung gegenüber Anwesenden.
12. Wie lange kann eine Willenserklärung widerrufen werden?	Siehe § 130 Abs.1 S.2.
13. In welchem Zusammenhang kommt der Begriff der Auslegung vor?	Gesetzesauslegung, Sachverhaltsauslegung, Vertragsauslegung, Auslegung einer Willenserklärung.
14. Wo im Gesetz findet sich eine Regel für die Auslegung von Willenserklärungen?	In § 133.
15. Wie ist diese Vorschrift jedoch zu verstehen?	Der bloße innere Wille ist unbeachtlich, er muss zumindest in Form einer Erklärung nach außen zutage getreten sein.
16. Welcher Grundsatz gilt für die Auslegung von Willenserklärungen, die der Erklärende anders gemeint, als der Empfänger sie verstanden hat?	Es entscheidet, was ein objektiver Dritter anstelle des Empfängers unter einer solchen Erklärung verstehen musste.
17. Wie wird dieser Grundsatz aber eingeschränkt?	Durch den Gedanken einer angemessenen Risikoverteilung.
18. Was beschreibt die sog. "falsa demonstratio non nocet"?	Die Parteien haben übereinstimmend dasselbe gewollt, aber den Vertragsgegenstand falsch bezeichnet.
19. Wie lässt sich die "schlüssige Willenserklärung" beschreiben?	Fälle in denen ein Verhalten den Schluss auf den Willen des Handelnden aus der Sicht des angesprochenen Adressaten zulassen.
20. Wie ist bloßes Schweigen grundsätzlich einzuordnen?	Rechtlich bedeutungslos.
21. Welche Ausnahmen gibt es davon?	Schweigen als konkludentes Verhalten und Schweigen im Bereich des HGB.
22. Was besagt § 151?	Es wird auf den Zugang eines tatsächlich vorhandenen Willens, der auch nach außen zutage getreten ist, ausnahmsweise verzichtet - kein Fall des Schweigens als Willenserklärung!

Der Vertragsschluss

Zum Abschluss eines wirksamen Vertrages bedarf es zweier Willenserklärungen, Angebot und Annahme,

Der Vertrag ist nur lückenhaft im Allgemeinen Teil des BGB behandelt. Die **§§ 145 ff** (lesen!) regeln nur einige Aspekte des Zustandekommens. Da der Vertrag aus zwei Willenserklärungen besteht, bedarf es insoweit auch keiner weiteren Regelungen, es gilt zunächst das zuvor über die Willenserklärungen Gesagte sowohl für Angebot als auch für Annahme. Allerdings gibt es für Angebot und Annahme einige zusätzliche Regeln, die sich aus der Funktion als Vertragsbestandteil ergeben.

Das Angebot i.S.d. § 145

Das Angebot muss **inhaltlich so bestimmt** sein, dass mit der Annahmeerklärung eine Einigung über **alle vertragswesentlichen Punkte** erzielt wird (es soll die sog. "Ja-Regel" gelten, nämlich, dass der Annehmende lediglich "ja" zu sagen braucht, damit eine solche Einigung zustande kommt).

> ***Bsp.**: Es muss z. B. bei § 433 eine Einigung getroffen sein über Kaufpreis, Kaufgegenstand und gewollte Übereignung; Eigentumsübergang bei § 929 usw. (sog. essentialia). Aber: Bei einigen Vertragstypen, z. B. Werkvertrag § 631, ist Einigung über das Entgelt nicht erforderlich, da dort hilfsweise eine gesetzliche Regelung eingreift, dort z.B. der § 632.*

An ein Angebot ist der Anbietende grundsätzlich mit Zugang beim Erklärungsgegner **gebunden**, § 145, ein Widerruf kann nur bis zu diesem Zeitpunkt wirksam erfolgen, 130 Abs.1 S.2.

> Etwas anderes gilt aber bei dinglichen Verträgen. Dort wird überwiegend gefordert, dass bis zur "Vollendung des Rechtserwerbs" ein Einigsein erforderlich sei. Dazu später im Sachenrecht.

Voraussetzung für diese Bindungswirkung ist gem. § 145, dass es sich um ein verbindliches Angebot handelt, das nur dann vorliegt,

- wenn sich der Antragende binden wollte oder
- wenn der Erklärungsempfänger diese Erklärung als verbindliches Angebot auffassen durfte.

Die Bindung bleibt nach § 146 bis zur Ablehnung oder verspäteter/abgeänderter Annahme bestehen.

Besonders bedeutsam ist dabei die Feststellung, ob sich aus den Umständen des Falles das Vorliegen eines rechtlichen Bindungswillens folgern lässt. An dem Willen, sich zu binden, **fehlt** es insbesondere bei einer sog. **"invitatio ad offerendum"** (Aufforderung zur Abgabe eines Angebotes).

***Bsp.**: Zeitungsanzeige, Schaufensterauslage, Reklameschild etc.*

In diesen Fällen erfolgt das Angebot nicht vom "Anbieter" im Inserat, dem Ladeninhaber bei Schaufensterauslagen usw., sondern dieser fordert den Interessenten lediglich dazu auf, seinerseits ein Angebot abzugeben.

Demgegenüber handelt es sich in den Fällen des Aufstellens von Warenautomaten nicht um eine invitatio ad offerendum (str.). Im Aufstellen des Automaten liege bereits ein echtes Vertragsangebot (wenn auch an eine unbestimmte Vielzahl von Personen). Um jedoch den Unzulänglichkeiten eines Automaten gerecht zu werden, meint man, dass dieses Angebot unter Bedingungen abgegeben werde (zum Begriff und Inhalt der Bedingungen später in diesem Buch). Nur wenn Ware vorrätig sei, der Automat funktioniere und er ordnungsgemäß bedient werde, erlange das Vertragsangebot Wirksamkeit.

Die Annahme

Die Annahmeerklärung ist, ebenso wie das Angebot, eine **empfangsbedürftige Willenserklärung**. Sie muss daher dem Antragenden zugehen (§ 151). Für die Annahmeerklärung kann der Annehmende sich nicht beliebige Zeit lassen, denn der Antragende ist gem. § 145 durch die Bindung an seinen Antrag in seiner Dispositionsmöglichkeit erheblich eingeschränkt. Daher gilt:

Unter **Anwesenden** kann der Antrag nur **sofort** angenommen werden, § 147 Abs.1 S.1. Unter *"sofort"* versteht man *"ohne jegliches Zögern"*.

Hinweis: Demgegenüber verwendet das Gesetz an anderer Stelle den Begriff *"unverzüglich"*, was nach der Legaldefinition des § 121 Abs.1 bedeutet: *"ohne schuldhaftes Zögern"*.

Auch der **telefonische Antrag** gilt als unter **Anwesenden** gemacht, § 147 Abs.1 S.2.

Unter **Abwesenden** ist der Antrag bis zu dem Zeitpunkt anzunehmen, an dem der Antragende den **Eingang der Annahme** bei ihm **unter normalen Bedingungen erwarten darf**, § 147 Abs.2. Es wird also maßgeblich auf die Zeit abgestellt, die die Willenserklärung für den Weg zwischen den Parteien benötigt. Zu dieser "Transportzeit" für Hin- und Rückweg ist noch eine angemessene Entscheidungsfrist für den Annehmenden hinzuzurechnen, so dass die Zeitspanne des § 147 Abs.2 sich aus diesen drei Teilzeiten zusammensetzt. Die Überlegungsfrist wird ihrerseits maßgeblich durch das betreffende Geschäft beeinflusst. Kleine, unkomplizierte Geschäfte erfordern praktisch keine Zeit zur Antwort, solche, die mit komplizierten Rechtsfolgen oder erheblichen wirtschaftlichen Dispositionen verbunden sind, bedingen eine ggf. auch einige Tage dauernde Frist. Dies ist jeweils im Einzelfall zu prüfen.

Den Parteien steht es aber frei, Fristen zu setzen, § 147 ist dispositiv (d. h. er kann abbedungen werden), wie sich aus § 148 ergibt.

Trifft die Annahmeerklärung verspätet ein, so ergeben sich zwei Möglichkeiten:

1. Die Erklärung erfolgte rechtzeitig, sie wurde rechtzeitig abgesandt, aber der Zugang verzögerte sich aus irgendwelchen Gründen. In diesen Fällen greift § 149 ein (lesen!).

2. Die Annahmeerklärung selbst erfolgte zu spät. In diesem Fall besagt § 150 Abs.1, dass die Annahme als neues Angebot seitens des ursprünglich Annehmenden zu werten ist. Der Vertrag ist also noch nicht geschlossen, sondern es bedarf nun noch der Annahme des neuen Angebotes durch den ursprünglich Antragenden.

Zu beachten ist, dass man meint, unter Abwesenden müsse der Annehmende das gleiche oder ein schnelleres Erklärungsmittel benutzen, also Fax auf Fax, Brief auf Brief oder Fax auf Brief, nicht aber Brief auf Fax!

Inhaltliche Deckung von Angebot und Annahme

Soll die Annahme zum Vertragsschluss führen, muss sie sich inhaltlich mit dem Vertragsangebot decken. Dazu sind die obj. Erklärungswerte der beiden Erklärungen zu vergleichen. Gegebenenfalls sind die Erklärungswerte durch Auslegung der Willenserklärungen zu ermitteln.

Fehlt es an der Deckungsgleichheit von Angebot und Annahme (sog. Inkongruenz), so liegt grundsätzlich **kein wirksamer Vertragsschluss** vor. Man kann dann aber nach § 150 Abs.2 die Annahmeerklärung als ein **neues Angebot** behandeln. Im übrigen erfasst § 150 Abs.2 "abgeänderte Annahmen", also Fälle in denen jemand das Angebot an sich annimmt, aber unter Zusatz von Abweichungen, Ergänzungen usw. Diese **abgeänderten Annahmen** gelten nach § 150 Abs.2 als **Ablehnung des Antrages**, der aber gleichzeitig mit einem **neuen Angebot verbunden** ist, das die veränderten Bedingungen beinhaltet.

Ob eine Abweichung vom Angebot vorliegt, bestimmt sich nach der Ausgestaltung des Angebotes, also, ob dieses eventuell einen "Annahmespielraum" gewährt hat.

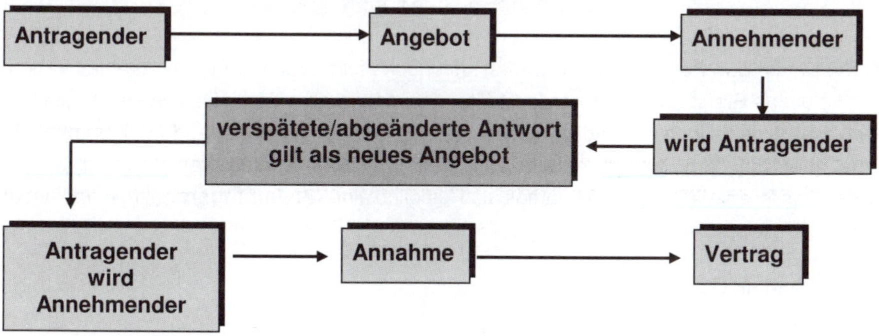

Fall 10:

B bietet A seine Dienste als Gärtner zu Euro 25,00 /Std an. A stimmt zu, jedoch für Euro 20,00 /Std. Daraufhin pflegt B 6 Stunden den Garten und verlangt Euro 150,00. Zu Recht?

Lösungsvorschlag

B könnte einen Anspruch auf Zahlung der Euro 150,00 gegen A aus § 611 haben.

Dann müsste ein Dienstvertrag wirksam zustande gekommen sein. Der Abschluss eines Dienstvertrages setzt zwei inhaltlich übereinstimmende Willenserklärungen voraus, Angebot und Annahme. Ein Vertragsangebot ist in dem Ansinnen des B zu sehen, für Euro 25,00 pro Stunde bei A tätig zu sein. Fraglich ist jedoch, ob A dieses annahm. A hat das Angebot des B jedenfalls nicht so akzeptiert, wie dieser es ausgesprochen hatte, sondern es hinsichtlich der Entlohnung modifiziert. Eine solche Annahme unter Abänderungen gilt gem. § 150 Abs.2 als neuer Antrag. Somit hat A das Angebot nicht angenommen, sondern vielmehr ein neues, eigenes Angebot über Arbeit zu Euro 20,00 pro Stunde abgegeben.

Dieses müsste B angenommen haben. Eine ausdrückliche Annahme ist nicht ersichtlich. Möglich wäre jedoch eine konkludente Annahme durch die Arbeitsaufnahme seitens des B. Der objektive Erklärungswert dieses Verhaltens kann nur dahingehend ausgelegt werden, dass ein verständiger Beobachter an Stelle des A annehmen musste, B sei mit seinem Angebot (Euro 20,- /Std.) einverstanden. Damit ist ein Dienstvertrag mit einer Entlohnung von Euro 20,- /Std. zwischen A und B wirksam zustande gekommen. Mithin hat B keinen Anspruch gegen A aus § 611 auf Zahlung von Euro 150,-, sondern lediglich auf Zahlung von Euro 120,-

§§§§§§§§§§§§§§§§§§§§§§§§§

Der Dissens

Decken sich Angebot und Annahme auch nur teilweise nicht, so ist der Vertrag nicht zustande gekommen (sog. Inkongruenz der Willenserklärungen). Davon ausgehend sind die Regelungen über den Dissens in §§ 154, 155 zu verstehen, die **besondere Fälle** des Einigungsmangels betreffen.

Der offene Dissens, § 154

§ 154 betrifft den Fall, dass die Parteien sich noch nicht über alle Punkte geeinigt haben, über die eine Einigung erzielt werden sollte, und dies auch wissen. Das Gesetz sagt insoweit eigentlich Selbstverständliches: Der Vertrag ist noch nicht zustande gekommen. Da dies aber nur "im Zweifel" gelten soll, steht es den Parteien frei, den Vertrag als geschlossen anzusehen. § 154 enthält also lediglich eine **Auslegungsregel** (die abdingbar ist).

Der versteckte Dissens, § 155

Auch beim versteckten Dissens fehlt es objektiv an der Kongruenz zwischen Angebot und Annahme. Die Besonderheit liegt hier darin, dass die Parteien aber glauben, sie hätten sich vollständig geeinigt. § 155 enthält für diese Fälle eine **Auslegungsregel**, die an den **vermutlichen Parteiwillen** anknüpft.

Die Voraussetzungen des § 155

1. Objektiv fehlende Einigung über einzelne Punkte des Vertrages, die von den Parteien als regelungsbedürftig angesehen wurden.
2. Die Parteien meinen, sie hätten sich geeinigt
3. Es muss anzunehmen sein, die Parteien hätten auch ohne die regelungsbedürftigen, aber nicht geregelten Punkte den Vertrag geschlossen

Es haben sich drei Fallgruppen zu § 155 herausgebildet:

1. Die Willenserklärungen weichen **objektiv** voneinander ab, die Parteien denken aber, sie hätten sich geeinigt;

   ***Bsp.**: oben Fall 9, wenn man mit der überwiegenden Ansicht löst!*

2. Erklärungen sind **unvollständig**, die Parteien meinen jedoch, sie hätten sich geeinigt;

   ***Bsp.**: Kaufvertragsschluss ohne Einigung über den Preis.*

3. die Willenserklärungen stimmen in ihrem objektiven Erklärungswert scheinbar überein, sind aber **objektiv mehrdeutig** und werden von Parteien verschieden verstanden.

   ***Bsp.**: der nachfolgende Fall 12 und der Fall, den RGZ 104, 265 betraf.*

Die letzte Fallgruppe ist die, die immer wieder als Beispiel für § 155 herangezogen wird.

M.E. sind die erste und die letzte Fallgruppe meist identisch, wenn man die oben dargestellten Grundsätze zur Auslegung von Willenserklärungen konsequent anwendet. Aus Sicht eines obj. Erklärungsempfängers ergibt sich auf der jeweiligen Seite ein anderer obj. Erklärungswert der Willenserklärung und damit fehlt es an der scheinbaren Übereinstimmung. Da aber anerkanntermaßen alle drei Fälle von § 155 erfasst werden, ist eine **Abgrenzung der Fallgruppen verzichtbar** - auch in einer Klausur!

Die Bedeutung des § 155 in der Fallbearbeitung liegt darin, dass der Vertragsschluss mangels Kongruenz abzulehnen wäre. Dies gilt nur dann nicht, wenn nach § 155 ausnahmsweise die sich deckenden Teile der Willenserklärungen allein zum Vertragsschluss ausreichen und damit ein Vertrag doch bejaht werden kann.

Rechtsfolge des § 155: Es gilt das als vereinbart, worüber eine Einigung getroffen wurde.

Beachten Sie: der Unterschied zur falsa demonstratio liegt darin, dass sich die Erklärungen beim Dissens objektiv nicht decken!

Besondere Formen des Vertragsschlusses

Die Versteigerung

Bei Versteigerungen regelt § 156 das Zustandekommen des Vertrages. Danach ist das Gebot eines Bieters das Angebot, das ggf. durch Zuschlag - Annahmeerklärung des Versteigerers - angenommen wird. Besonderheit: Das Angebot erlischt mit Übergebot eines Dritten, ohne dass es einer Ablehnung des Antrages durch den Versteigerer bedarf, § 156 S.2.

Vgl. dazu auch oben Fall 5.

Sozialtypisches Verhalten

Es wird vertreten, Verträge könnten auch ohne Willenserklärungen durch sozialtypisches Verhalten (auch faktische Verträge genannt) zustande kommen. Erfasst werden sollen Fälle wie Abnahme von Wasser, Strom, Benutzung eines entgeltlichen Parkplatzes oder Verträge im Massenverkehr, in denen man keine konkludente Willenserklärung annehmen könne. Durch das sozialtypische Verhalten soll ein Vertrag unter bestimmten Voraussetzungen auch ohne Willenserklärung allein deshalb zustande kommen, weil die rein faktischen Verhaltensweisen ausnahmsweise als Anknüpfungspunkt ausreichen sollen.

Voraussetzung dafür sei: Es müsse sich um die Inanspruchnahme öffentlicher Daseinsvorsorge handeln und die Inanspruchnahme liege in einem rein tatsächlichen Verhalten.

Konsequenz: Alle Regeln über Willenserklärungen, also auch über Geschäftsfähigkeit, Anfechtung, Nichtigkeit können nicht angewandt werden, haben also nach dieser Lehre keine Geltung, da hier Willenserklärungen gerade nicht vorhanden sind.

Lesen Sie dazu: Larenz AT § 30, 21ff; BGHZ 21, 319!

Die Lehre vom sozialtypischen Verhalten ist umstritten. Z.T. wird sie mit dem Argument vertreten, anderenfalls kompliziere man die Geschäfte des täglichen Lebens in unnötiger Weise und bestimmte Fälle könne man sonst überhaupt nicht erfassen. So sei z.B. nicht einzusehen, dass zum Einschalten des Lichts Geschäftsfähigkeit erforderlich sei.

Die überwiegende Ansicht hält die "faktischen Verträge" für überflüssig, da man alle dort behandelten Fälle über das Recht der Willenserklärung befriedigend lösen könne. Meist lasse sich sehr wohl ein schlüssiges Verhalten ermitteln (Willenserklärung). Ein entgegenstehender innerer Wille sei als geheimer Vorbehalt unbeachtlich, der geäußerte entgegenstehende Wille sei eine unzulässige "protestatio facto contraria non valet".

Zum sozialtypischen Verhalten: Rüthers / Stadler § 19 Rn 33 ff; Larenz AT § 30, 21 ff; Diehn, Streitstände Kompakt, Bd.3, Streitstand 10.

Merken Sie: Für die Falllösung ist der Streit meist nicht zu entscheiden, da die Ansichten regelmäßig zum gleichen Ergebnis gelangen. Ausnahme: bei Beteiligung Minderjähriger!

Die Vertragsauslegung

Wie oben gelernt, ist diese von der Auslegung der Willenserklärung ebenso zu unterscheiden, wie von Gesetzes- oder Sachverhaltsauslegung. Eine Vertragsauslegung kann stets erst dann zur Anwendung gelangen, wenn ein Vertrag tatsächlich auch zustande gekommen ist (prüfen!). Sie betrifft die Frage, welchen Inhalt die (unklare) Vereinbarung der Parteien tatsächlich aufweist und ist in § 157 geregelt. Man unterscheidet zwischen erläuternder und ergänzender Vertragsauslegung.

Die erläuternde Vertragsauslegung

Wenn die Bedeutung eines Begriffs oder einer Formulierung in einem Vertrag unklar ist, so ist der Vertrag "erläuternd" auszulegen. Ausgangspunkt dafür ist der **allgemeine Sprachgebrauch**. Entscheidend abzustellen hat man auf den **Vertragszweck**. Bei der Auslegung ist die sog. **Verkehrssitte** zu beachten, d. h. das, was man üblicherweise bei derartigen Geschäften annehmen und erwarten darf.

Die ergänzende Vertragsauslegung

Haben die Parteien bei Vertragsschluss im Hinblick auf eine sich bei Durchführung des Vertrages ergebende Situation keine Regelung getroffen, so ist diese "Lücke" im Vertrag im Wege "ergänzender Vertragsauslegung" zu schließen.

Voraussetzung: Es muss eine **Lücke** bestehen. Dabei spielt es keine Rolle, ob diese Lücke bewusster oder unbewusster Natur ist (die Parteien haben bewusst auf die Regelung verzichtet/ die Parteien haben die Lücke überhaupt nicht erkannt). Die Lücke ist anhand der **Gesamtvereinbarungen und den Regelungsbedürfnissen** festzustellen. Dabei darf es nicht zu einer Veränderung des Vertragsgegenstandes kommen, die von den Parteien nicht gewollt ist.

Durchführung der Auslegung: Diese Lücke ist dann in der Weise auszufüllen, dass man den Vertrag so ergänzt, wie ihn die Parteien **unter Berücksichtigung des Vertragszweckes** bei Vertragsschluss abgefasst hätten, wenn ihnen die Lückenhaftigkeit bewusst gewesen wäre. Man ermittelt also den **hypothetischen Parteiwillen** und setzt diesen auf den Vertrag um.

Lesen Sie zur Vertragsauslegung: Rüthers / Stadler § 18, Rn. 25ff.

Sachverhaltsauslegung, Gesetzesauslegung, Analogie

Sachverhaltsauslegung

Die Fälle, die dem Studenten an der Universität zur Bearbeitung vorgelegt werden, sind regelmäßig sehr knapp gefasst. Daraus folgt, dass der Sachverhalt nicht so vollständig niedergelegt ist, als dass es keine Lücken gäbe. Immer wieder stößt man bei der Fallbearbeitung auf Sachverhaltsfragen, die der vorliegende Text nicht unmittelbar zu beantworten vermag. In solchen Fällen ist der Sachverhalt auszulegen! Insbesondere für den Studienanfänger, aber meist auch noch für den Examenskandidaten, stellt die Sachverhaltsauslegung ein großes Problem dar. Im Folgenden sollen und können nur einige wenige Ansätze aufgezeigt werden, wie man bei Sachverhaltsfragen am zweckmäßigsten verfährt - denn: Patentrezepte, schematisierte Regeln etc. gibt es für die Sachverhaltsauslegung nicht! Grundsätzlich ist bei Sachverhaltslücken die Lücke unter Würdigung des Gesamtsachverhaltes zu schließen. Dabei ist eine **lebensnahe Auslegung** geboten. Man hat sich zu fragen "wie wird sich das üblicherweise zugetragen haben". Man geht also vom "Normalfall" aus und fragt dann weiter, ob es im vorliegenden Fall Anhaltspunkte dafür gibt, dass eine Abweichung von diesem "Normalfall" anzunehmen sein könnte. Ist dies nicht der Fall, so kann man auch hier von einem solchen "Normalfall" ausgehen.

Beachten Sie: Alternativlösungen sind zu vermeiden und nur zulässig, wenn wirklich keine sachgerechte Auslegung möglich ist.

Gesetzesauslegung

Die Gesetzesauslegung wird allgemein als Frage der sog. juristischen Methodenlehre aufgefasst und beschreibt Verfahren, mit deren Hilfe ermittelt werden kann, ob eine (abstrakte) Norm einen (konkreten) Sachverhalt noch erfasst. Dies ist deshalb häufig problematisch, weil der Gesetzeswortlaut sehr abstrakt gefasst ist, um so eine große Vielzahl ähnlicher, aber doch nicht gleicher Fälle zu erfassen. Man hat dann zu entscheiden, ob das Gesetz den jeweiligen Fall von seinem Wortlaut her noch deckt oder ob eine gesetzlich nicht geregelte Lücke besteht.

Die dazu erforderliche Gesetzesauslegung ist ein juristisch/methodisch recht komplexes Gebiet, das hier nicht vollständig dargestellt werden kann und soll. Unterschieden werden insoweit **vier Auslegungsmethoden:** die wörtliche, historische, systematische und teleologische Auslegungsmethode. Ganz grob beinhalten jene Auslegungsmethoden folgende Grundsätze:

- Die **wörtliche Auslegung** stellt allein auf den Wortlaut des Gesetzes ab.
- Die **historische Methode** versucht durch Rückgriff auf die historische Entwicklung des Gesetzes eine Lösung herbeizuführen.
- Die **systematische Methode** versucht aus dem Zusammenhang der jeweiligen Vorschrift im betreffenden Rechtsgebiet die Reichweite der Norm zu ermitteln.
- Die **teleologische Methode** orientiert sich an Sinn und Zweck der fraglichen Norm.

Analogie

Soweit eine solche Gesetzesauslegung ergibt, dass der betreffende Sachverhalt nicht durch Normen erfasst ist, besteht eine **Lücke**. Stellt man eine solche Lücke nach einer Gesetzesauslegung fest, so fragt es sich, ob diese **Lücke im Wege der Analogie zu schließen** ist.

Diese Art der Analogie wird auch als Rechtsanalogie bezeichnet, während die Lückenfüllung durch ergänzende Gesetzesauslegung auch Gesetzesanalogie genannt wird.

Der Begriff der Analogie kann an dieser Stelle nur im Überblick angesprochen werden. Analogien dienen dazu, Lücken im Gesetz zu schließen, um so einen Fall, der sonst rechtlich nicht fassbar wäre, lösen zu können. Für die Analogie gibt es eine Reihe von **Voraussetzungen**, deren wichtigste sind:

Unbewusste Lücke im Gesetz
Regelungsbedürfnis
Vorschrift mit ähnlicher Rechtsfolge
Sachverhalte im Wesentlichen vergleichbar

Es muss eine **Lücke im Gesetz** bestehen. Von einer Lücke spricht man dann und nur dann, wenn auch eine sachgerechte Auslegung nicht bewirken kann, dass das Gesetz den fraglichen Sachverhalt erfasst. Grundsätzlich kommen nur unbewusste Lücken in Betracht, da anderenfalls ein abweichendes Regelungsbedürfnis meist fehlen dürfte.

Es muss ein **Regelungsbedürfnis** bestehen. Man hat also zu fragen, ob die Notwendigkeit besteht, den jeweils in Frage stehenden Fall einer Regelung zuzuführen. Nur wenn dies der Fall ist, kommt eine Analogie in Betracht. Kann man den Fall befriedigend und in entsprechend einwandfreier Weise durch andere Rechtsinstitute lösen, besteht kein Bedürfnis für eine Analogie. Meist fehlt es in diesen Fällen bereits an der Lücke.

Es bedarf **ähnlicher Vorschriften**, die die **Rechtsfolge** enthalten, die für den vorliegenden Fall zu einer sachgerechten Lösung führen würde. Es gilt also, entsprechende Normen aufzusuchen, diese im Hinblick auf ihre Rechtsfolge zu untersuchen, ob sie dem Regelungsbedürfnis, das man zuvor festgestellt hat, gerecht werden. Die dieser Rechtsnorm zugrunde liegenden **Sachverhalte** und der hier zu regelnde Sachverhalt müssen **in wesentlichen Zügen gleich gelagert** sein.

Die allgemeinen Geschäftsbedingungen

Das Recht der allgemeinen Geschäftsbedingungen hatte im AGB-Gesetz seit 1977 eine gesetzliche Regelung erfahren. Sinn dieses Gesetzes war es, die weit verbreiteten allgemeinen Geschäftsbedingungen einer gesetzlichen Reglementierung zu unterwerfen, um so den von AGB Betroffenen (meist der "kleine" Verbraucher) zu schützen. Nachstehend folgt ein kurzer Überblick über die wichtigsten Fragen aus diesem Rechtsgebiet.

Durch die Reform des Schuldrechts ist zum 1.1.2002 das Recht der allgemeinen Geschäftsbedingungen in das BGB aufgenommen werden. Dort haben die §§ 305 ff die bisherigen Regelungen des AGBG weitgehend übernommen.

Voraussetzungen einer AGB

Der Begriff der AGB ist in § 305 Abs.1 S.1 geregelt.

1. Vertragsbedingungen
2. vorformuliert für eine Vielzahl von Verträgen
3. durch den Verwender einseitig diktiert

Es muss sich um **Vertragsbedingungen** handeln, also um solche Klauseln, die den Inhalt eines Vertrages - schuldrechtlich (Regelfall) wie sachenrechtlich - gestalten sollen. Es sollen darüber hinaus auch einseitige Erklärungen der Parteien durch § 305 Abs.1 S.1 erfasst werden.

Die Bedingungen müssen **für eine Vielzahl von Verträgen vorformuliert** sein. Dabei reicht bereits eine größere, aber bestimmte Anzahl von Verträgen aus. Die äußere Form ist dabei unerheblich, vgl. § 305 Abs.1 S.2.

Die **Bedingungen muss der Verwender** der anderen Vertragspartei stellen, d.h. **einseitig diktieren**. Daran fehlt es, wenn die Bedingungen tatsächlich (prüfen!) individuell ausgehandelt werden, § 305 Abs.1 S.3. Nicht selten kommt es vor, dass einzelne Dinge individuell vereinbart werden (insoweit gilt das Recht der AGB nicht), der Rest des Vertrages aber durch AGB bestimmt wird (insoweit findet dann das Recht der AGB Anwendung), genau herausarbeiten!

Mit der Feststellung, **ob** AGB vorliegen, beginnt stets die Prüfung von Fällen im Zusammenhang mit allgemeinen Geschäftsbedingungen. Nur wenn man feststellt, dass eine AGB nach § 305 Abs.1 vorliegt, hat man die folgende, weitere Prüfung durchzuführen.

Da die AGB keine Rechtsnormen, sondern Vertragsteile sind, müssen sie, sollen sie Wirkung entfalten, **in das Vertragswerk einbezogen** sein, § 305 Abs.2.

Das setzt voraus, dass auf sie bei Vertragsabschluss, also bis zum Zustandekommen des Vertrages, ausdrücklich oder durch deutlich sichtbaren Aushang (so insbesondere bei Massengeschäften des täglichen Lebens) hingewiesen wurde, § 305 Abs.2 Nr.1.

Beachten Sie: Ein Aufdruck der AGB auf der nach Vertragsabschluss übersandten Rechnung ist daher wirkungslos! Selbst wenn die andere Seite in Kenntnis dieser AGB den Vertrag nun abwickelt, kommt es nicht zu einer Einbeziehung der AGB!

***Bsp.**: K erwirbt von V eine Maschine durch einen schriftlichen Vertrag ohne Hinweis auf eine AGB. Nach Lieferung schickt V die Rechnung mit aufgedruckter AGB.*

Vorsicht: werden die AGB der Annahmeerklärung beigefügt, ist die eine Abänderung und damit gem. § 150 Abs.2 ein neues Angebot. Wenn hier nun der andere Teil in Kenntnis dieser Klausel dann den Vertrag durchführt, stellt dies die Annahme des neuen Angebots dar, es kommt ein neuer Vertrag mit der AGB zustande!

***Bsp.**: V bietet K den Erwerb einer Maschine an. K stimmt zu, aber unter Hinweis auf seine AGB. V liefert die Maschine aus. – Das Angebot von V lehnt K gem. 150 Abs.2, macht aber ein neues Angebot mit AGB. Da V in Kenntnis dieser Tatsache liefert (= Annahme dieses Angebots), stimmt er dem neuen Angebot des K mit AGB zu.*

Ferner muss die belastete Vertragspartei die Möglichkeit haben, bei Vertragsabschluss in **zumutbarer Weise vom Inhalt der AGB Kenntnis zu nehmen**, § 305 Abs.2 Nr.2. Das erfordert, dass die Bedingungen für die regelmäßig davon Betroffenen mühelos lesbar sind und im Verhältnis zur Bedeutung des Geschäftes einen vertretbaren Umfang aufweisen.

Schließlich muss die belastete Partei mit den AGB einverstanden sein. Ein Einverständnis durch schlüssiges Verhalten genügt, setzt aber voraus, dass sie dem Angebot des Verwenders **deutlich erkennbar** beigefügt wurden.

§ 305a BGB regelt weitergehend anderweitige Fälle einer wirksamen Einbeziehung, auch wenn es an den vorgenannten Voraussetzungen mangelt.

Gem. § 305b ist dann zu prüfen, ob individuelle Vereinbarungen außerhalb der AGB bestehen. Diese sind vorrangig und verdrängen die AGB.

Einer Einbeziehung der AGB kann nun noch § 305c Abs.1 entgegenstehen, wenn sog. überraschende Klauseln in den AGB enthalten sind, also solche Bedingungen, mit denen man üblicherweise bei einem derartigen Geschäft nicht zu rechnen braucht.

Schließlich ist der Inhalt der AGB nach den §§ 307 ff dahingehend zu untersuchen, ob sie eine unangemessene Benachteiligung des Vertragspartners beinhalten, sog. **Inhaltskontrolle**. Grundlage dazu ist die Generalklausel des § 307 Abs. 1 und 2 - lesen!

Teil der Inhaltskontrolle sind ferner die in §§ 308 und 309 enthaltenen sog. **Klauselverbote**. Danach sind bestimmte Klauseln in AGBen unzulässig und damit unwirksam.

Hinweis: **diese Klauselverbote sind oft Gegenstand einer Klausur!**

Prüfungsfolge bei AGB-Fällen

Beachten Sie: **es ist zweckmäßig zuerst gem. § 310 die Anwendbarkeit der §§ 305ff zu prüfen!**

1. AGB-Recht im Grundsatz anwendbar, § 310
2. Vorliegen einer AGB, § 305 Abs.1
3. Wirksame Einbeziehung in den Vertrag, § 305 Abs.2
4. Kein Ausschluss nach §§ 305 b, 305 c
5. Inhaltskontrolle nach §§ 307 ff

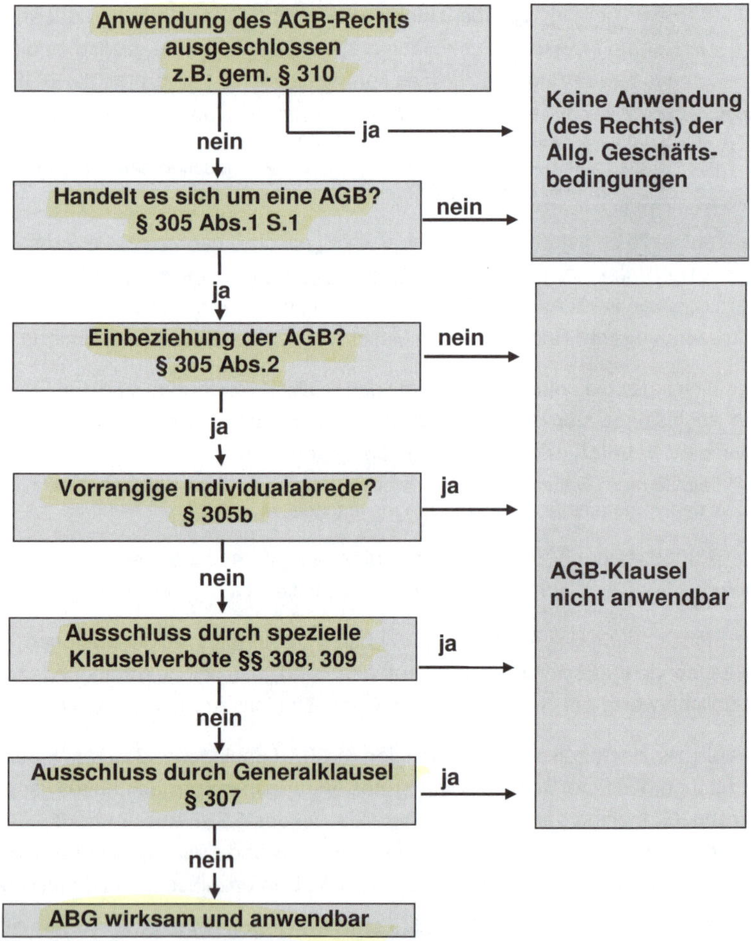

Fall 11:

E bestellt bei Z eine Maschine zum Preis von € 64.000,00. Z sagt Lieferung zu und liefert schließlich zum vereinbarten Termin. Von dem Rechnungsbetrag von € 64.000,00 zieht E 3 % (€ 1.920,00) Barzahlungsrabatt ab. Als Z empört anruft, beruft sich E auf seine AGB, die auf der Rückseite des Bestellschreibens aufgedruckt waren, aus denen sich ergibt, dass die Parteien die Einräumung eines solchen Rabattes als vereinbart ansehen. Hat Z Anspruch auf Zahlung der restlichen € 1.920?

Lösungsvorschlag

Z könnte Anspruch auf Zahlung der restlichen Euro 1.920 gegen E aus § 433 Abs.2 haben.

Dann müsste ein Kaufvertrag wirksam zustande gekommen sein. Der Abschluss eines Kaufvertrages setzt zwei inhaltlich übereinstimmende Willenserklärungen voraus, Angebot und Annahme. Da E die Maschine bestellt (Angebot) und Z mit seiner Lieferungszusage das Angebot angenommen hat, ist ein Kaufvertrag über die Maschine zum Preis von Euro 64.000,00 wirksam zustande gekommen.

Fraglich ist, ob Z sich nicht den Abzug von Euro 1.920,00 Barzahlungsrabatt durch E gefallen lassen muss. Dies könnte sich aus den "AGB" des E ergeben. Hinweise auf einen Ausschluss der §§ 305 ff durch § 310 gibt es nicht. Es müsste sich zunächst aber überhaupt um AGB handelt. Da dies im Sachverhalt so dargestellt wird, kann vom Vorliegen einer AGB ausgegangen werden. Das Recht der AGB findet also Anwendung.

Nach 305 Abs.2 ist erforderlich, dass die AGB wirksam in den Vertrag einbezogen wurde. Dies setzt nach § 305 Abs.2 Nr.1 den ausdrücklichen Hinweis auf die AGB **bei** Vertragsschluss voraus. E hat seine AGB auf der Rückseite des Vertragsangebotes aufgedruckt und somit in ausdrücklicher Form im Vertrag formuliert. Fraglich ist jedoch, ob der Aufdruck auf der Rückseite als "ausdrücklicher Hinweis" auf die AGB ausreichen kann. Sinn der Vorschrift ist es, die mit AGB Belasteten zu schützen. Nur, wenn einem Durchschnittsmenschen ohne weiteres die AGB zur Kenntnis gelangen muss, kann von einem ausdrücklichen Hinweis die Rede sein. Ein Aufdruck auf der Rückseite führt nicht zwangsläufig zur Kenntnisnahme, vielmehr wird man einen deutlichen Hinweis auf der Vorderseite auf die rückseitig abgedruckten Allgemeinen Geschäftsbedingungen verlangen müssen. Daran fehlt es hier aber, so dass es an einem Hinweis nach § 305 Abs.2 Nr.1 fehlt. Folglich sind die AGB des E nicht Vertragsinhalt geworden, so dass E sich auch nicht auf sie berufen kann.

Z hat somit Anspruch auf Zahlung der restlichen Euro 1.920,00 aus einem Kaufvertrag gegen E gem. § 433 Abs.2.

§§§§§§§§§§§§§§§§§§§§§§§§§§

Die Auslegung von AGB

Sind AGB Vertragsinhalt geworden, stellt sich oft die Frage, wie sie im konkreten Einzelfall zu verstehen sind. Es gilt, sie dann sachgerecht auszulegen. Im Grundsatz gelten dazu die allgemeinen Regeln über Willenserklärungen und Verträge, die jedoch einige Abweichungen aufweisen, die auf den Besonderheiten der AGB beruhen.

1. Grundsätzlich sind AGB "objektiv", d.h. vom Standpunkt eines objektiven Dritten als Erklärungsempfänger aus auszulegen, der wirkliche Wille ist unbeachtlich.

2. Nach § 305b haben Individualabreden stets Vorrang vor den AGB. Dies gilt selbst dann, wenn die AGB eine sog. Schriftformklausel enthält, nach der alle Abweichungen schriftlich fixiert werden müssen.

3. Nach § 305c Abs.2 führen Unklarheiten in den AGB im Zweifel zu einer für den mit der AGB belasteten Teil positiven Auslegung (sog. "Unklarheitenregel": im Zweifel zu Lasten des Verwenders!).

LIT Lesen Sie zur Vertiefung die ausführliche Darstellung bei Rüthers / Stadler, § 21, Rn 1ff.

Verhältnis zu Verbraucherschutzvorschriften

Die Unwirksamkeit von AGB-Klauseln kann sich nicht nur aus den §§ 305ff ergeben, sondern auch aus anderen Vorschriften, insbesondere solchen, die den Schutz des Verbrauchers bezwecken.

Da die §§ 305ff im allgemeinen Schuldrecht stehen, gehen alle Regelungen, die sich im besonderen Schuldrecht finden (also z.B. im Bereich der Gewährleistung § 444 oder für den Verbrausgüterkauf in §§ 474 ff) den §§ 305 ff vor!

Das bedeutet **in einer Falllösung** ist zuerst auf diese spezielleren Regelungen einzugehen und, falls diese nicht eingreifen, erst dann auf die §§ 305 ff.

Wiederholungsfragen zum 3. Kapitel, 3. Teil

1. Wo finden sich Regeln über das Zustandekommen eines Vertrages?	in §§ 145 ff
2. Wie muss ein Vertragsangebot abgefasst sein?	Inhaltlich so bestimmt, dass es nur angenommen zu werden braucht, sog. Ja-Regel.
3. Was weiter ist für ein wirksames Angebot erforderlich?	Rechtsbindungswille.
4. Bei welchen Fällen fehlt dieser Wille?	Bei einer sog. invitatio ad offerendum.
5. Wie kommt dort der Vertrag zustande?	Das Angebot erfolgt durch denjenigen, demgegenüber die invitatio erfolgt ist, der andere Teil nimmt dieses Angebot dann an
6. Wie kann ein Angebot auch abgegeben werden?	Unter einer Bedingung, z.B. bei Warenautomaten.
7. Wo ist die Annahme geregelt?	In § 147.
8. Wie ist bei verspäteter Annahme zu differenzieren?	Die Erklärung erfolgt rechtzeitig, jedoch der Zugang verzögert sich; die Annahmeerklärung selbst erfolgt zu spät.
9. Skizzieren Sie, wie in Fällen des § 150 Abs.1 der Vertrag zustande kommt.	Siehe die Skizze auf S.54.
10. Wie ist eine abgeänderte Annahme zu behandeln?	Als neues Angebot, § 150 Abs.2.
11. Was besagt die Lehre vom sozialtypischen Verhalten?	Ein Vertrag soll unter bestimmten Voraussetzungen auch ohne Willenserklärungen allein deshalb zustande kommen, weil rein faktische Verhaltensweisen ausnahmsweise als Anknüpfungspunkt dafür ausreichen.
12. Beispiele dafür?	Inanspruchnahme von Massenverkehrseinrichtungen, Wasser und Elektrizität.
13. Wichtigste Konsequenz dieser Lehre?	Regeln über Willenserklärungen gelten nicht, ebenso wie die über Geschäftsfähigkeit, Anfechtung, Nichtigkeit.
14. Wann kann es erst auf die Frage der Vertragsauslegung ankommen?	Wenn ein Vertrag auch wirksam zustande gekommen ist.
15. Wo ist die Vertragsauslegung geregelt?	In § 157.

16. Welche Arten der Vertragsauslegung gibt es?	Erläuternde und ergänzende Vertragsauslegung.
17. Wann greift die erläuternde Vertragsauslegung ein?	Bei unklaren Formulierungen.
18. Wann greift die ergänzende Vertragsauslegung ein?	Bei "Lücken" im Vertrag.
19. Welcher Grundsatz gilt hinsichtlich der Sachverhaltsauslegung?	Lebensnahe Auslegung unter Würdigung des gesamten Sachverhalts.
20. Was beschreibt (grob) die Gesetzesauslegung?	Feststellung der inhaltlichen Reichweite eines Gesetzes.
21. Wo ist das Recht der AGBen geregelt?	In §§ 305 ff BGB.
22. Wo ist der Begriff der AGB geregelt?	In § 305 Abs.1.
23. Womit hat man bei der Fallbearbeitung in Bezug auf die Prüfung von allgemeinen Geschäftsbedingungen stets zu beginnen?	Prüfung, ob überhaupt allgemeine Geschäftsbedingungen vorliegen.
24. Was setzt die Wirksamkeit von allgemeinen Geschäftsbedingungen in Verträgen immer voraus?	Wirksame Einbeziehung.
25. Nächster Schritt bei der Prüfung?	Auslegung der AGB
26. Wo finden sich Sonderregeln über die Auslegung von allgemeinen Geschäftsbedingungen?	In § 305c Abs.2.
27. Letzter Prüfungspunkt?	Inhaltskontrolle nach §§ 307 ff.

4. Kapitel
Geschäftsfähigkeit

Allgemeine Grundsätze

Die Geschäftsfähigkeit beschreibt die

Fähigkeit, selbständig wirksame Rechtsgeschäfte vorzunehmen

Sie ist zu unterscheiden von der Rechtsfähigkeit, die die Möglichkeit beschreibt, Träger von Rechten und Pflichten zu sein.

Die Rechtsfähigkeit beginnt grundsätzlich mit der Geburt, § 1, ausnahmsweise in bestimmter Hinsicht auch schon vorher, vgl. z.B. §§ 844 Abs.2 S.2; 1923 Abs.2; auch schon §§ 2101 Abs.1; 2162 Abs.2; 2178.

Bei der Geschäftsfähigkeit sind verschiedene Stufen zu unterscheiden: Volle Geschäftsfähigkeit, beschränkte Geschäftsfähigkeit und Geschäftsunfähigkeit.

Geschäftsunfähigkeit

Geschäftsunfähig sind Kinder bis zum vollendeten 7. Lebensjahr, § 104 Nr.1 und Geisteskranke gem. § 104 Nr.2.

Rechtsfolge der Geschäftsunfähigkeit

Grundsätzlich führt die Geschäftsunfähigkeit gem. § 105 Abs.1 zur

⇨ **Nichtigkeit der Willenserklärung**

Beachten Sie: Ausnahmsweise kann aber die Willenserklärung eines Geisteskranken voll wirksam sein, wenn er sich in einem sog. "lichten Moment" befindet, da er dann als geschäftsfähig gilt!

Für denjenigen, der auf die Wirksamkeit der Willenserklärung eines Geschäftsunfähigen vertraut, gibt es keinerlei Ersatzansprüche, wenn er dadurch Schaden erleidet. Dies gilt auch dann, wenn die Geschäftsunfähigkeit für ihn überhaupt nicht erkennbar war!

Nichtig ist darüber hinaus aber auch die Willenserklärung eines an sich Geschäftsfähigen, die dieser im Zustand der **Bewusstlosigkeit** oder bei **vorübergehender Störung der Geistestätigkeit** (z.B. Rausch!) abgibt, § 105 Abs.2.

Hinweis: für unter Betreuung stehende Personen gelten die Regelungen der §§ 1896 ff.

Siehe dazu: Rolf Schmidt, BGB-AT, Rn.960 ff.

Sonderregelung des § 105a

Gemäß § 105a sollen "*Geschäfte des täglichen Lebens*", die durch einen volljährigen Geschäftsunfähigen geschlossen und mit "*geringwertigen Mitteln*" bezahlt werden, eine der Wirksamkeit ähnliche Bestandskraft erlangen. Der Vertrag ist zwar unwirksam, aber, falls § 105a erfüllt ist, ist eine Rückforderung nach § 812 ff ausgeschlossen (§ 105a fingiert somit einen Rechtsgrund für §§ 812ff), weil das Geschäft als wirksam **gilt**.

Voraussetzungen des § 105a

- **Geschäft des täglichen Lebens**
- **durch volljährigen Geschäftsunfähigen**
- **Leistung und Gegenleistung sind vollständig bewirkt**
- **Leistung des Geschäftsunfähigen erfolgte mit geringwertigen Mitteln**

Rechtsfolge: Vertrag **gilt** als wirksam (er ist tatsächlich unwirksam!).

Beachten Sie: § 105a kann nicht auf beschränkt Geschäftsfähige und minderjährige Geschäftsunfähige angewendet werden.

Richtiger Ansicht nach ergibt sich aus dem Wortlaut des § 105a, dass dieser **nicht auf Erfüllungsgeschäfte**, sondern nur auf Verpflichtungsgeschäfte anwendbar ist!

Die beschränkte Geschäftsfähigkeit

Die beschränkte Geschäftsfähigkeit hat im Gegensatz zur Geschäftsunfähigkeit im BGB in den §§ 104 ff eine erheblich kompliziertere Regelung erfahren. Beschränkt geschäftsfähig sind gem. § 106 **Minderjährige vom vollendeten 7. bis zum vollendeten 18. Lebensjahr**.

Beschränkt Geschäftsfähige können nur für sie **rechtlich vorteilhafte Willenserklärungen** wirksam abgeben, § 107. Alle anderen Willenserklärungen erlangen grundsätzlich nur mit Zustimmung durch den gesetzlichen Vertreter Wirksamkeit.

Zu unterscheiden von der beschränkten Geschäftsfähigkeit ist die **Teilgeschäftsfähigkeit**, die z.B. in § 113 dem beschränkt Geschäftsfähigen für bestimmte Geschäftsbereiche die volle Geschäftsfähigkeit zuerkennt. Näheres dazu unten.

Die Geschäfte eines beschränkt Geschäftsfähigen

Das Recht der beschränkten Geschäftsfähigkeit wird von dem Gedanken getragen, dass der Minderjährige vor den Folgen seines rechtsgeschäftlichen Verhaltens zu schützen ist. Daher ist die in § 108 Abs.1 enthaltene Regelung als grundsätzliche Folge bei rechtsgeschäflicher Betätigung des Minderjährigen anzusehen: seine Willenserklärungen sind schwebend unwirksam!

Der Schwebezustand des § 108 zwischen Wirksamkeit des Geschäftes - falls der Vertreter genehmigt - und Unwirksamkeit - falls der Vertreter die Genehmigung verweigert - wird **"schwebende Unwirksamkeit"** genannt. Schwebende Unwirksamkeit bedeutet also:

⟹ **bis zur Genehmigung ist das Geschäft unwirksam!**

Nicht geschützt werden muss der beschränkt Geschäftsfähige dagegen, wenn das Geschäft für ihn lediglich rechtlich vorteilhaft ist. Daher sieht § 107 vor, dass für alle Geschäfte, die nicht rein vorteilhaft sind, grundsätzlich eine Zustimmung notwendig ist.

Lediglich rechtlich vorteilhafte Rechtsgeschäfte

Ein **rechtlicher Vorteil** liegt dann vor,

wenn das Rechtsgeschäft die Stellung des Minderjährigen in r e c h t l i c h e r Hinsicht verbessert

Es kommt hier allein auf die **rechtliche, nicht auf die wirtschaftliche** Stellung an.

> ***Bsp.***: *Der 17jährige M kauft von A ein Bild für EUR 50. Da es sich jedoch um ein Original und nicht, wie beide dachten, um eine Kopie handelt, ist es EUR 1000 wert.- Trotz des wirtschaftlich sehr vorteilhaften Kaufes ist das Geschäft angesichts der im Kaufvertrag enthaltenen Verpflichtung zur Kaufpreiszahlung rechtlich auch nachteilhaft und daher unwirksam!*

Danach scheiden alle schuldrechtlich verpflichtenden Verträge aus, mögen sie in wirtschaftlicher Hinsicht auch noch so vorteilhaft sein (vgl. oben das Beispiel).

Der erste Hauptfall rechtlich vorteilhafter Geschäfte ist der **Eigentumserwerb** nach §§ 929ff. Dabei ist **allein der Erwerb des Eigentums** zu betrachten - also nur der Übereignungsvertrag zu prüfen! Dieser führt zu einem Zuwachs an Eigentum, beinhaltet also eine rechtliche Besserstellung des Minderjährigen. Damit gehen keine rechtlichen Nachteile einher, da § 929 keine weiteren Rechtsfolgen enthält.

Ganz wichtig:

Die Pflicht zur Zahlung des Kaufpreises bleibt hier unbeachtlich, da diese aus dem Kaufvertrag und nicht dem hier zu prüfenden Übereignungsvertrag folgt!

⇨ **Abstraktionsprinzip!**

Anders ist daher die Lage bei einer **Übereignung durch einen Minderjährigen**. Der nach § 929 eintretende Eigentumsverlust ist **rechtlich nachteilhaft**.

Merken Sie daher:

Wirksam sind grds. Übereignungen *an* Minderjährige, unwirksam grds. Übereignungen *durch* Minderjährige!

Der zweite Hauptfall rechtlich vorteilhafter Geschäfte ist die **Annahme einer Schenkung** durch den beschränkt Geschäftsfähigen, da regelmäßig dadurch eine Verpflichtung auf Seiten des beschränkt Geschäftsfähigen nicht besteht.

Nicht rechtlich vorteilhaft sind hingegen die Fälle der **Schenkung**, die mit einer **Auflage** verbunden sind, die den Minderjährigen zu etwas verpflichtet.

> ***Bsp.**: Schenkung eines Fernsehgerätes mit der Auflage, dem Schenker einmal wöchentlich den Rasen zu sprengen.*

Problematisch sind Geschäfte, in denen der Schenkungsgegenstand belastet ist.

> ***Bsp.**: Der Minderjährige bekommt ein Grundstück geschenkt, das z. B. mit einer Hypothek belastet ist. - Da gem. § 1147 dem Hypothekengläubiger nur ein Verwertungsrecht am Grundstück zusteht, ohne dass dem Minderjährigen eine Verpflichtung obliegen würde, soll die Grundstücksschenkung rechtlich vorteilhaft sein.*

Weitere Einzelfragen: Die bloß **mittelbaren Folgen** eines Geschäftes bleiben bei der Beurteilung der rechtlichen Vorteilhaftigkeit außer Betracht.

> ***Bsp.**: Der Minderjährige erhält ein Mofa. - Die Pflicht, dieses zu versichern, ist nur mittelbarer Natur, denn dies folgt nicht zwangsläufig aus der Eigentümerstellung (er kann es auch in sein Zimmer stellen und anschauen!), sondern erst aus der (nicht notwendigen) Nutzung. So bleibt dies bei der Beurteilung, ob lediglich ein rechtlicher Vorteil vorliegt, unberücksichtigt.*

__Bsp.__: Schenkung eines Grundstückes. - Hinsichtlich der Grundsteuer etc, verneint die Lehre die Nachteiligkeit. Die Steuerpflicht treffe kraft Gesetzes jedermann, der Grundeigentum habe. Daher folge diese Pflicht nicht aus dem Rechtsgeschäft, dieses sei somit nicht nachteilig.

So die h.M., z.B. Rüthers / Stadler § 23 Rn.13,ähnl. auch BGH NJW 2005, 415, 416 f.. Dies ist m.E. sehr zw., denn andererseits wird bei Erwerb von Wohnungseigentum die Haftung nach dem WEG als nachteilig angesehen (vgl. Rolf Schmidt, AT Rn 994; differenzierend Palandt-Heinrichs-Ellenberger § 107,4.) - aber auch diese beruht auf dem Gesetz und nicht auf dem Rechtsgeschäft und trifft jedermann, der Wohnungseigentum hat!

__Bsp.__: Schenkung eines Tieres. - Die Pflicht dieses zu füttern und zu pflegen wird nicht als nachteilig angesehen, da dies aus den Tierschutzgesetzen und nicht unmittelbar aus dem Rechtsgeschäft folge - m.E ebenfalls unzutreffend.

__Bsp.:__ Schenkung eines Mietwohngrundstücks. – Nicht lediglich rechtlich vorteilhaft, da sich die Verpflichtung aus § 566 aus Zivilrecht und nicht wie in den vorstehenden Beispielen aus öffentlichen Lasten ergebe (so Rüthers / Stadler § 23 Rn.13, zw.).

Nimmt der Minderjährige eine Leistung an (z.B. Übereignung an ihn), so würde wegen **Erfüllung** gem. § 362 der Anspruch des Minderjährigen auf Übereignung untergehen. Fraglich ist daher, ob die **Erfüllung von Verbindlichkeiten gegenüber dem Minderjährigen** gem. § 107 wirksam ist. Da § 362 nicht zu Lasten des Minderjährigen gelten soll, ist dies nicht der Fall, die Verbindlichkeit bleibt bestehen!

Als **rechtlich vorteilhaft** gelten auch sog. **neutrale Geschäfte**, die in rechtlicher Hinsicht zwar nicht vorteilhaft, aber auch nicht nachteilhaft sind. Die Regelung eines neutralen Geschäftes enthält **§ 165**. Dort wird die Willenserklärung eines beschränkt Geschäftsfähigen (in einem speziellen Fall) als wirksam angesehen. Daraus folgert man aber allgemein, dass neutrale Geschäfte eines beschränkt Geschäftsfähigen wirksam sind. Ein neutrales Geschäft liegt z.B. auch dann vor, wenn ein Minderjähriger eine Sache übereignet, die ihm nicht gehört. Da er kein Eigentum hat, kann er auch keines verlieren, die Rechtssphäre des Minderjährigen wird also dadurch überhaupt nicht berührt. Es bedarf also keines Schutzes für den Minderjährigen, seine Willenserklärung im Rahmen der §§ 929 ff ist daher wirksam, str.!

So.die h.M., vgl. Palandt-Heinrichs-Ellenberger, § 107,7; a.A. Medicus, AT, Rn 568.

Wirksamkeit durch Zustimmung

Fehlt es an einem ausschließlichen rechtlichen Vorteil bedarf der beschränkt Geschäftsfähige der **Einwilligung** (vorherige Zustimmung, vgl. § 183) **des gesetzlichen Vertreters** zu seinen Geschäften, § 107 (die Einwilligung ist dann erforderlich i.S.d.§ 108 Abs.1). Fehlt es an der erforderlichen Einwilligung kann das Geschäft nach § 108 durch **Genehmigung** (Zustimmung, nachdem der Minderjährige das Geschäft vorgenommen hat, vgl. § 184) wirksam werden. Die Zustimmung kann sowohl gegenüber dem Minderjährigen als auch gegenüber dem Geschäftsgegner erklärt werden.

Wird das Geschäft **ohne Einwilligung** getätigt, so ist es gem. § 108 Abs.1 **schwebend unwirksam**. Es ist also **unwirksam**, kann aber noch Wirksamkeit erlangen, wenn der gesetzliche Vertreter das Geschäft genehmigt.

Im Fall des § 108 Abs.3 wird die Erklärung auch ohne Genehmigung wirksam, wenn der Minderjährige **volljährig wird** und **selbst das Geschäft genehmigt.** Es reicht also nicht das bloße Erreichen der Volljährigkeit aus, um das Geschäft wirksam werden zu lassen, sondern es muss zumindest durch schlüssiges Verhalten eine Genehmigung erfolgen!

Beachten Sie: **Einseitige Rechtsgeschäfte**, die **ohne Einwilligung** von beschränkt Geschäftsfähigen vorgenommen werden und auch nicht rechtlich vorteilhaft sind (nur dann ist die Einwilligung *"erforderlich"*), sind **stets unwirksam**, § 111 S.1 - sie können also **nicht genehmigt** werden!

Fall 12:

Der 10jährige A kauft bei X eine teure Hifi-Anlage. Als A diese abholen und bezahlen will, weigert sich X unter Hinweis auf die Minderjährigkeit des A. Zu Recht?

Lösungsvorschlag

A könnte einen Anspruch auf Übereignung der HiFi-Anlage gegen X aus § 433 Abs.1 haben.

Dann müsste ein Kaufvertrag zwischen X und A wirksam zustande gekommen sein. Da A die Anlage bei X "kauft", kann mangels gegenteiliger Hinweise im Sachverhalt davon ausgegangen werden, dass die zum Abschluss eines Kaufvertrages notwendigen Willenserklärungen von A und X abgegeben wurden. Zweifelhaft ist jedoch, ob die Willenserklärung des A angesichts seines Alters wirksam ist.

Mit 10 Jahren ist A gem. § 106 beschränkt geschäftsfähig. Voll wirksam wäre die Willenserklärung gem. § 107 dann, wenn A durch das Geschäft lediglich einen rechtlichen Vorteil erhielte. Angesichts der sich aus § 433 Abs.2 ergebenden Zahlungspflicht ist dies nicht der Fall.

Damit bedarf A gem. § 107 der Einwilligung des gesetzlichen Vertreters. Diese lässt sich dem Sachverhalt jedoch nicht entnehmen. Damit ist die Willenserklärung des A nach § 108 schwebend unwirksam. Die nach § 108 Abs.1 mögliche Genehmigung durch A`s gesetzliche Vertreter ist ebenfalls nicht ersichtlich. Daher liegt keine wirksame Willenserklärung des A vor.

An dieser Stelle wäre eigentlich noch kurz auf § 110 – der nicht eingreift - einzugehen. Aus didaktischen Gründen soll hier jedoch darauf verzichtet werden, zu § 110 später.

Folglich ist der Kaufvertrag nicht wirksam zustande gekommen. Also hat A keinen Anspruch auf Übereignung gem. § 433 Abs.1 gegen X.

§§§§§§§§§§§§§§§§§§§§§§§

Fall 13:

Der 10jährige M kauft bei V eine teure DVD-Anlage günstig im Sonderangebot. M sagt zu V, er werde die Anlage tags darauf abholen und bezahlen. Als M zu Hause ankommt, loben die Eltern ihn für seinen günstigen Kauf.

Als M am folgenden Tag die Anlage abholen will, erklärt V, der M erscheine ihm zu jung, um derartige Geschäfte tätigen zu können. Er werde die Anlage daher dem M nicht übergeben. M verlangt dagegen Übereignung der Anlage. Hat M Anspruch auf Übereignung der Anlage?

Lösungsvorschlag

M könnte einen Anspruch auf Übereignung der Anlage gegen V aus § 433 Abs.1 haben.

Dann müsste ein Kaufvertrag zwischen M und V wirksam zustande gekommen sein.

Da M die Anlage bei V "kauft", kann mangels gegenteiliger Hinweise im Sachverhalt davon ausgegangen werden, dass die zum Abschluss eines Kaufvertrages notwendigen Willenserklärungen von M und V abgegeben wurden. Zweifelhaft ist jedoch, ob die Willenserklärung des M angesichts seines Alters wirksam ist.

Mit 10 Jahren ist M gem. § 106 beschränkt geschäftsfähig. Die Willenserklärung eines beschränkt Geschäftsfähigen ist nach § 107 grundsätzlich wirksam, wenn sie für diesen lediglich rechtlich vorteilhaft ist. Dies ist bei einem Kaufvertrag angesichts der in § 433 Abs.2 geregelten Zahlungspflicht für M als Käufer nicht der Fall.

Voll wirksam wäre die Erklärung jedoch gem. § 107 dann, wenn die dann erforderliche Einwilligung, also die nach § 183 vorherige Zustimmung, des gesetzlichen Vertreters des M vorläge. Dies lässt sich dem Sachverhalt aber nicht entnehmen.

Jedoch könnte das Geschäft des M durch Genehmigung, also durch nachträgliche Zustimmung, § 184, seitens der Eltern als gesetzliche Vertreter gem. § 108 Abs.1 Wirksamkeit erlangt haben. Eine ausdrückliche Genehmigung lässt sich dem Sachverhalt nicht entnehmen. Es kommt aber eine konkludente Genehmigung in Betracht. Dadurch, dass die Eltern den M für seinen Kauf loben, bringen sie zum Ausdruck, dass ihnen das Geschäft recht war. Diese positive Einstellung zum Geschäft des M lässt sich als konkludente Genehmigung ansehen. Damit ist die Willenserklärung und damit der Kaufvertrag mit V voll wirksam.

Damit sind die Voraussetzungen des § 433 Abs.1 erfüllt. Folglich hat M Anspruch auf Übereignung der Anlage gegen V aus § 433 Abs.1.

Dass V hier nichts von der Genehmigung durch die Eltern wissen dürfte, ist ohne Bedeutung. Er kann sich daher gem. § 108 Abs.2 Rechtssicherheit verschaffen, siehe dazu unten.

§§§§§§§§§§§§§§§§§§§§§§

Nachfolgend wird noch ein anderer Prüfungsweg für derartige Fälle aufgezeigt:

Man geht von Sinn und Zweck des Minderjährigenrechts aus, nämlich diesen zu schützen. Daher formuliert man zunächst diesen Grundgedanken und prüft die §§ 107,108,110 quasi als Ausnahme dazu.

Mit 10 Jahren ist M gem. § 106 beschränkt geschäftsfähig. Die Willenserklärung eines beschränkt Geschäftsfähigen ist nach §§ 107, 108 grundsätzlich schwebend unwirksam.

Voll wirksam wäre die Erklärung jedoch gem. § 107 dann, wenn das Rechtsgeschäft für M lediglich rechtlich vorteilhaft wäre. Angesichts der aus § 433 Abs.2 folgenden Verpflichtung zur Zahlung des Kaufpreises ist dies nicht der Fall.

Wirksam wäre die Erklärung auch, wenn eine Einwilligung, also nach § 183 die vorherige Zustimmung, des gesetzlichen Vertreters des M vorläge. Dies lässt sich dem Sachverhalt aber nicht entnehmen.

Jedoch könnte das Geschäft des M durch Genehmigung, also durch nachträgliche Zustimmung, § 184, seitens der Eltern als gesetzliche Vertreter gem. § 108 Abs.1 Wirksamkeit erlangt haben.....

§ 110, sog. *Taschengeldparagraph*

§ 110 stellt systematisch einen besonderen Fall des § 107 dar, da er letztlich an Handlungen anknüpft, die man als "schlüssige Einwilligung" ansehen könnte.

Die Voraussetzungen des § 110

1. **Der Vertrag wurde ohne Zustimmung der gesetzlichen Vertreter geschlossen.**
2. **Der beschränkt Geschäftsfähige muss seine Verpflichtung vollständig erfüllt haben.**
3. **Die Mittel zur Erfüllung müssen dem Minderjährigen zur freien Verfügung oder zu diesem speziellen Zweck überlassen worden sein**
4. **Die Mittel müssen vom gesetzlichen Vertreter oder mit dessen Zustimmung von einem Dritten überlassen worden sein.**

Hinsichtlich des **Vertragsschlusses ohne Zustimmung des gesetzlichen Vertreters** kann man auf die vorstehende Prüfung der §§ 107, 108 verweisen.

Damit der beschränkt Geschäftsfähige seine **Verpflichtung vollständig erfüllt** hat, ist eine restlose Erbringung seiner ihm obliegenden Leistung erforderlich.

Erfüllung bedeutet, dass der beschränkt Geschäftsfähige das ihm obliegende **Erfüllungsgeschäft wirksam erbracht hat**. Da dies regelmäßig für ihn mit einem Rechtsverlust verbunden, es also nachteilig ist, bedarf es insoweit der Zustimmung der gesetzlichen Vertreter. Diese ist in diesen Fällen aber konkludent in der Überlassung der Mittel zu diesem Zweck oder zur freien Verfügung zu sehen.

Wird seitens des beschränkt Geschäftsfähigen nicht gleich mit Vertragsschluss erfüllt, ist das Geschäft bis zur vollständigen Erfüllung schwebend unwirksam, danach gilt es als von Beginn an wirksam.

Kreditgeschäfte werden daher von § 110 **nicht erfasst**. Argument: Der Minderjährige muss seine Leistung bewirkt haben! Allerdings tritt rückwirkend Wirksamkeit ein, wenn die letzte Rate gezahlt wird, sofern alles aus den Mitteln i.S.d. § 110 erfolgte.

Anzahlungen reichen daher gleichfalls mangels vollständiger Erfüllung nicht aus!

Bei **teilbaren Leistungen** greift § 110 ein soweit die Teilleistungen erbracht wurden.

> ***Bsp.***: *Handyvertrag – Soweit die einzelnen Monatsrechnungen bezahlt wurden, ist § 110 anwendbar.*

Die Mittel zur Erfüllung müssen dem Minderjährigen zur freien Verfügung oder zu diesem speziellen Zweck überlassen worden sein.

Letzterenfalls wird meist bereits § 107 eingreifen. Zur freien Verfügung überlassen werden z.B. dem Minderjährigen belassene Löhne aus Jobs, Bafög etc., vor allem aber das Taschengeld, daher der *volkstümliche Name* der Vorschrift.

Die **Mittel** müssen **vom gesetzlichen Vertreter** oder **mit dessen Zustimmung von einem Dritten** überlassen worden sein. Dritter ist damit also jeder, ausgenommen die Vertreter, vor allem Verwandte (Oma, Opa usw.) und Freunde!

Erlangt der Minderjährige durch ein nach § 110 wirksames Geschäft ein Surrogat, so ist fraglich, ob auch das Surrogat unter § 110 fällt. - Lesen Sie dazu RGZ 74, 234!

> ***Bsp.**: Ein Minderjähriger kauft sich von seinem "Taschengeld" ein Los und gewinnt 1.000 €. - Nach überwiegender Ansicht kann er die 1.000 € nicht wie "Taschengeld" wirksam ausgeben. Es soll sozusagen keine "Fernwirkung" von Einwilligung, Genehmigung und Taschengeld geben, es sei denn dies ist von der Zustimmung der gesetzlichen Vertreter gedeckt.*

> **Hinweis:** § 110 ist nicht anwendbar auf Erfüllungsgeschäfte (z.B. Übereignungen). Er ist seinem Wortlaut nach nur auf schuldrechtliche Verpflichtungsgeschäfte (z.B. Kaufverträge) zugeschnitten! H.M., vgl. nur Rüthers/Stadler § 23, Rn 24.

Fall 14:

A, 16 Jahre, kauft bei V ein Fahrrad. Er bezahlt und V übergibt das Rad. Tags darauf erfährt V von der Minderjährigkeit des A und verlangt das Fahrrad gegen Erstattung des Geldes heraus. Das Geld für den Kauf des Fahrrades hatte A ohne Wissen der Eltern von seiner Großmutter bekommen. Anspruch des V auf Herausgabe des Fahrrades?

Lösungsvorschlag

Es geht hier um Herausgabeansprüche. Welchen Herausgabeanspruch, den Sie bereits kennen, haben Sie auch hier zu prüfen? Suchen Sie weitere Herausgabeansprüche!
Es kommen zwei Anspruchsgrundlagen in Betracht: § 985 und § 812. Nochmals: § 985 wird stets vor § 812 geprüft, aber - sofern vorhanden - nach vertraglichen Herausgabeansprüchen!

Zur Wiederholung: Welches waren die Voraussetzungen des § 985?

1. Anspruchsgegenstand ist eine Sache
2. Der Anspruchsteller muss Eigentümer der Sache sein
3. Der Anspruchsgegner muss deren Besitzer sein.

V könnte gegen A einen Anspruch auf Herausgabe des Fahrrades aus § 985 haben.

Dann müsste es sich bei dem Rad um eine Sache handeln. Da ein Fahrrad die üblichen Eigenschaften eines körperlichen Gegenstandes aufweist, handelt es sich gem. § 90 um eine Sache.

Weiter müsste V noch Eigentümer des Rades sein. Ursprünglich stand das Rad im Eigentum des V, er könnte es jedoch an A verloren haben. Das Eigentum geht gem. § 929 durch Einigung und Übergabe über.

Die erforderliche Übergabe ist mit der Aushändigung des Rades an A erfolgt.

Bezüglich einer Einigung macht der Sachverhalt keine Angaben. Jedoch kann man bei lebensnaher Auslegung des Sachverhaltes davon ausgehen, dass A und V den eventuellen Kaufvertrag erfüllen wollten und sich daher zumindest konkludent darüber geeinigt haben, dass das Eigentum übergehen soll.

Fraglich ist jedoch, ob die Einigung angesichts des Alters von A wirksam ist. Mit 16 Jahren ist A beschränkt geschäftsfähig, § 106. Gem. § 107 könnte die Wirksamkeit sich daraus ergeben, dass das abgeschlossene Rechtsgeschäft für A lediglich rechtlich vorteilhaft war. Dazu ist allein auf die rechtliche Vorteilhaftigkeit des jeweiligen Geschäftes abzustellen. Das bedeutet, dass es hier allein auf die Eigentumsübertragung ankommt. Dies bringt A einen Zuwachs an Rechten, nämlich das Eigentum an dem Rad. Aus diesem Geschäft gehen keine Verpflichtungen oder Nachteile irgendeiner Art einher.

Außer Acht bleiben insbesondere die Verpflichtungen aus dem Kaufvertrag, da dieser rechtlich völlig selbständig und losgelöst vom Übereignungsvertrag zu beurteilen ist (Abstraktionsprinzip!).

Folglich ist die Übereignung lediglich rechtlich vorteilhaft, die Willenserklärung des A und damit die Einigung gem. § 107 wirksam.

Also hat V sein Eigentum am Rad gem. § 929 wirksam auf A übertragen und kann daher keinen Anspruch auf Herausgabe gegen A gem. § 985 geltend machen.

V könnte jedoch gegen A einen Anspruch auf Herausgabe des Fahrrades aus § 812 Abs.1 S.1, 1.Fall haben.

§ 812 mit seinen verschiedenen Fällen gilt als eine der kompliziertesten Vorschriften im Schuldrecht. Hier kann und soll daher nur eine grundlegende, naturgemäß sehr oberflächliche Einführung gegeben werden. Die Rechtsfolge des § 812 ist stets die Herausgabe des Erlangten. Dies ist dann noch näher in § 818 geregelt. Hinsichtlich der Anspruchsvoraussetzungen sind bei § 812 mehrere verschiedene Fälle zu unterscheiden. Lesen Sie § 812 und versuchen Sie herauszuarbeiten, wie viele Fälle in der Vorschrift enthalten sind und was sie aussagen!

Abs. 1 enthält: S.1, 1.Fall "durch Leistung", sog. Leistungskondiktion; 2.Fall "in sonstiger Weise", sog. Nichtleistungskondiktion; S.2, 1.Fall "späterer Wegfall des Rechtsgrundes"; 2.Fall "der bezweckte Erfolg tritt nicht ein".

Für den vorliegenden Fall kommt Abs. 1 S. 1, 1. Fall (Leistungskondiktion) in Betracht. Dies ist quasi der Grundfall des § 812 und **setzt** im Einzelnen folgendes **voraus**:

1. **etwas erlangt** - Dies bezeichnet den Bereicherungsgegenstand, also das, was der Anspruchsgegner an Zuwachs in seinem Vermögen verbuchen konnte.
2. **durch Leistung** - Leistung ist die bewusste, zweckgerichtete Mehrung fremden Vermögens. Sie beschreibt also, wie der Bereicherungsgegenstand vom Anspruchsteller zum Anspruchsgegner wechselte
3. **ohne Rechtsgrund**

Also müsste A zunächst etwas erlangt haben.

Hier gilt es, den Bereicherungsgegenstand juristisch exakt zu fassen, nicht etwa das "Fahrrad", sondern Eigentum, Besitz oder Ähnliches an dem Fahrrad ist der Bereicherungsgegenstand.

Wie oben festgestellt, übertrug V gem. § 929 wirksam das Eigentum auf A. Folglich hat A das Eigentum am Rad erlangt. Darüber hinaus hat A auch die tatsächliche Sachherrschaft am Rad, also gem. § 854 Abs.1 den Besitz von V erlangt. Da der Besitz eine rein tatsächliche Position darstellt, steht die Minderjährigkeit des A einem Besitzerwerb nicht entgegen.

Dies müsste durch eine Leistung des V geschehen sein. Leistung ist die bewusste, gewollte und zweckgerichtete Mehrung fremden Vermögens. V wollte das Eigentum zum Zwecke der Erfüllung eines Kaufvertrages übertragen und so das Vermögen des A mehren. Dies war ihm auch bewusst, so dass die Voraussetzungen für eine Leistung gleichfalls vorliegen.

Schließlich müsste die Leistung ohne Rechtsgrund erfolgt sein. Der Rechtsgrund könnte hier im Kaufvertrag zwischen A und V liegen. Dann müsste ein Kaufvertrag zwischen A und V wirksam zustande gekommen sein. Da der Sachverhalt darlegt, A habe von V das Fahrrad gekauft, kann man daraus schließen, dass insoweit ein Vorgang beschrieben wird, der die juristischen Merkmale eines Kaufvertrages erfüllt. Es liegen damit zwei sich inhaltlich deckende Willenserklärungen vor.

Fraglich ist jedoch, ob die Willenserklärung des A angesichts dessen Minderjährigkeit wirksam ist, s.o.

Insoweit ist der Verweis in Ordnung. Aber Sie dürfen nicht hinsichtlich der Frage des rechtlichen Vorteils, der Einwilligung oder Genehmigung nach oben verweisen, denn oben haben Sie den Übereignungsvertrag geprüft und hier steht der Kaufvertrag in Frage. Nach dem Abstraktionsprinzip sind beide Verträge aber - auch hinsichtlich ihrer Wirksamkeit und damit hier bzgl. der Anwendung der §§ 107ff - gesondert zu prüfen!

Ein rechtlicher Vorteil scheidet angesichts der beiderseitigen Verpflichtungen aus dem Kaufvertrag jedenfalls aus. Eine Einwilligung gem. § 107 lässt sich dem Sachverhalt ebensowenig entnehmen, wie eine Genehmigung i.S.d. § 108.

Die Erklärung des A könnte aber gem. § 110 wirksam sein. Dazu ist u.a. erforderlich, dass A die zur Erfüllung eingesetzten Geldmittel zur freien Verfügung bzw. zu diesem Zweck überlassen wurden. Hier hat A das Geld zum Erwerb des Rades, also zu diesem Zweck erhalten. Somit ist auch diese Voraussetzung erfüllt.

Schließlich müsste er das Geld von seinen gesetzlichen Vertretern - den Eltern - oder von einem Dritten mit deren Zustimmung erhalten haben. Hier erhielt A das Geld von seiner Großmutter, also von einer Dritten. Die damit erforderliche Zustimmung des gesetzlichen Vertreters lässt sich dem Sachverhalt jedoch nicht entnehmen. § 110 greift somit schon deshalb nicht ein.

Das vollständige Bewirken der dem A obliegenden muss deshalb hier nicht mehr geprüft werden.

Folglich liegt seitens des A keine wirksame Willenserklärung vor. Also ist ein Kaufvertrag zwischen A und F nicht wirksam zustande gekommen. Mithin ist die oben genannte Leistung des V ohne Rechtsgrund erfolgt.

Damit liegen die Voraussetzungen des § 812 Abs.1 S.1, 1.Fall vor. Somit hat A gem. §§ 812 Abs.1 das Erlangte - Eigentum und Besitz - an V herauszugeben.

Demnach hat V gegen A einen Anspruch auf Rückgabe der Sache gem. § 812 Abs.1 S.1, 1.Fall.

§§§§§§§§§§§§§§§§§§§§§§§

System der §§ 106 ff

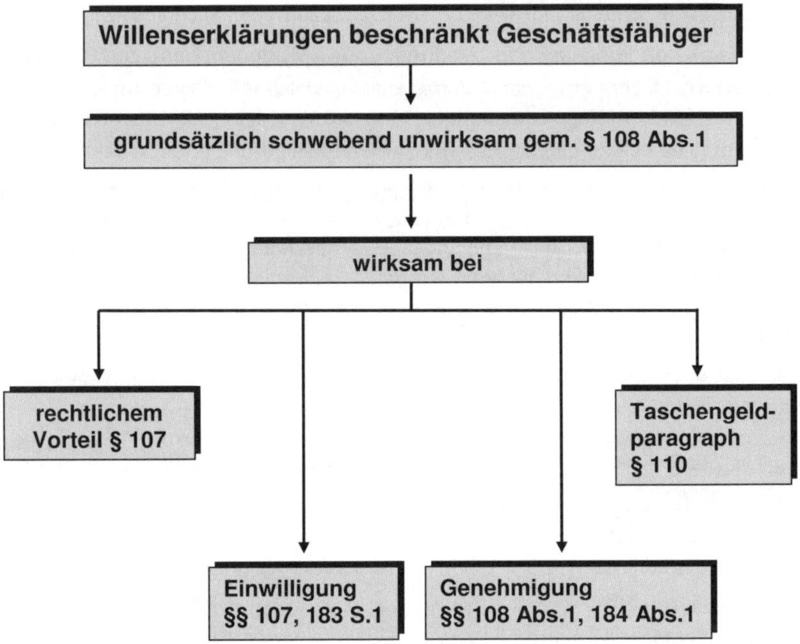

Der beschränkte Generalkonsens

Nicht zulässig ist die generelle Erklärung des gesetzlichen Vertreters, er willige in alle Rechtsgeschäfte des Minderjährigen ein. Ein solcher **unbeschränkter Generalkonsens** liefe dem Zweck der §§ 107 ff, den Minderjährigen zu schützen, zuwider.

Anerkannt ist jedoch ein sog. **beschränkter Generalkonsens**. Danach sollen bestimmte Geschäfte, die mit einem klar umrissenen Vorhaben verbunden sind (z.B. Ausbildung, Studium, Reise, Besuch von Veranstaltungen), generell zustimmungsfähig sein, ohne dass das jeweilige Geschäft schon fixiert zu sein braucht. Die Grenzen sind durch sachgerechte Auslegung zu ermitteln.

Einzelfragen der §§ 104 ff

Damit der Geschäftsgegner sich Klarheit darüber verschaffen kann, ob ein schwebend unwirksamer Vertrag durchzuführen ist oder nicht, gewährt § 108 Abs.2 ihm die Möglichkeit, den gesetzlichen Vertreter des Minderjährigen zur **Genehmigung aufzufordern**. Hat der gesetzliche Vertreter sich nicht innerhalb von zwei Wochen erklärt, so gilt die Genehmigung als verweigert (gesetzliche Fiktion), § 108 Abs.2 S.2. Mit der Aufforderung des Geschäftsgegners wird eine Verweigerung oder Genehmigung, die der gesetzliche Vertreter gegenüber dem Minderjährigen erklärt hat, unwirksam.

Gem. § 109 kann der Vertragspartner des Minderjährigen seine Willenserklärung **widerrufen**. Der Widerruf ist eine empfangsbedürftige Willenserklärung. Sie muss entweder dem gesetzlichen Vertreter oder (§ 109 Abs.1 S.2) dem Minderjährigen gegenüber erklärt werden.
Zeitlich ist das Widerrufsrecht begrenzt bis zur Genehmigung durch den gesetzlichen Vertreter.

Keine Anwendung findet § 109, wenn der Vertrag bereits endgültig wirksam ist – also bei rechtlichem Vorteil, Einwilligung oder § 110!

Das Widerrufsrecht kann aber nach **§ 109 Abs.2 ausgeschlossen** sein. Dies ist der Fall bei Kenntnis von der Minderjährigkeit. Hat jedoch der Minderjährige wahrheitswidrig behauptet, es liege eine Einwilligung vor, **bleibt das Widerrufsrecht erhalten**. **Ausnahme dazu:** gem. § 109 Abs.2 letzter Halbsatz, wenn der Vertragspartner bei Vertragsschluss Kenntnis davon hatte, dass keine Einwilligung vorlag.

§§ 112, 113 regeln die sog. **Teilgeschäftsfähigkeit** des Minderjährigen. In den durch §§ 112, 113 aufgezeigten Bereichen kann der Minderjährige wie ein voll Geschäftsfähiger auftreten.

Aufbauhinweis: da sich § 109 auf die Fälle des § 108 beschränkt (s.o.), sollte man ihn erst nach §§ 107, 108, 110 ansprechen, also, wenn man den "Schwebezustand" festgestellt hat.

Prüfungsfolge zur Wirksamkeit von Willenserklärungen beschränkt Geschäftsfähiger

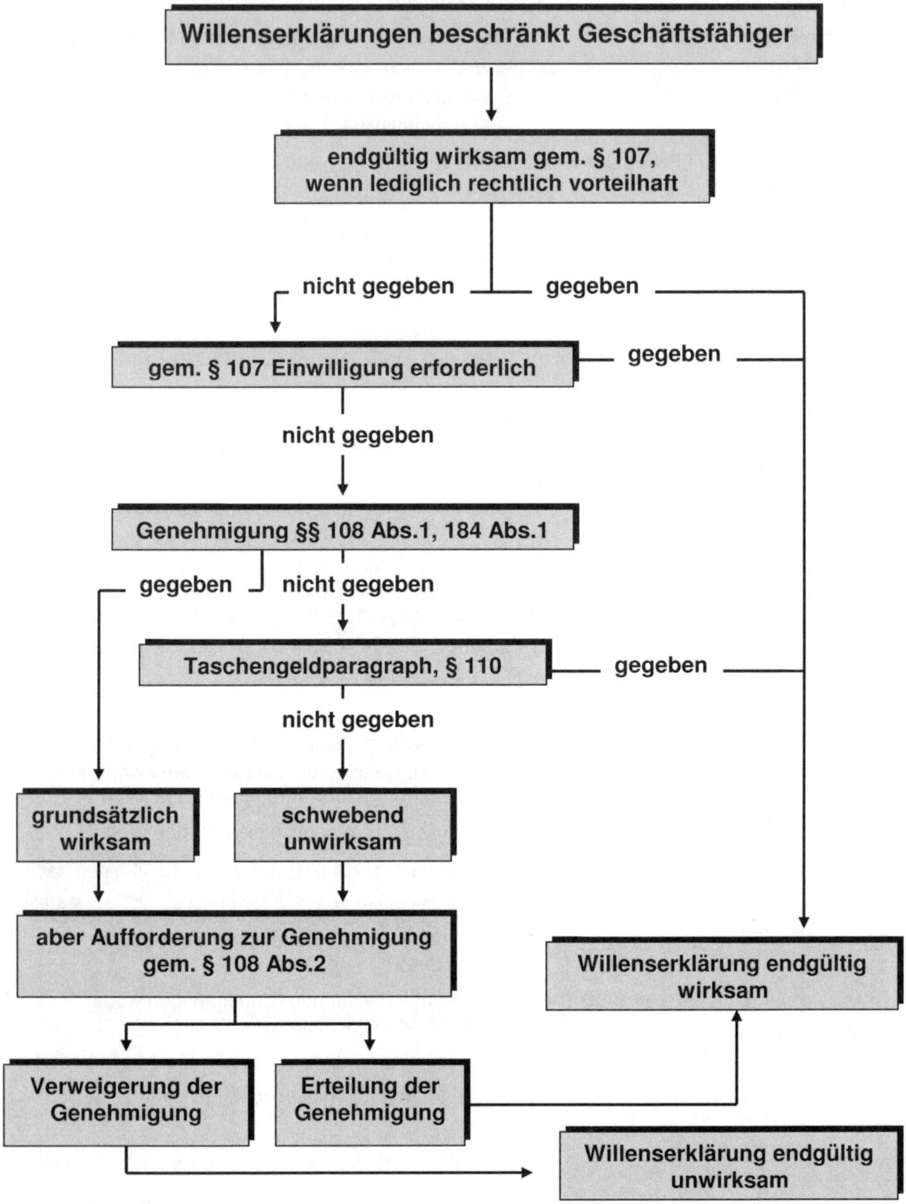

Wiederholungsfragen zum 4. Kapitel

1. Was beschreibt die Geschäftsfähigkeit?	Die Fähigkeit, selbständig Rechtsgeschäfte vorzunehmen.
2. Was beschreibt die Rechtsfähigkeit?	Die Möglichkeit, Träger von Rechten und Pflichten zu sein.
3. Welche Stufen der Geschäftsfähigkeit gibt es?	Geschäftsunfähigkeit, beschränkte und volle Geschäftsfähigkeit.
4. Wann ist die Willenserklärung eines Geisteskranken voll wirksam?	In lichten Momenten.
5. Folge der Geschäftsunfähigkeit?	Nichtigkeit der Erklärung.
6. Folgen der Erklärungen beschränkt Geschäftsfähiger?	Grundsätzlich schwebend unwirksam, es sei denn rechtlich vorteilhaft oder Zustimmung durch gesetzliche Vertreter.
7. Was bedeutet schwebende Unwirksamkeit?	Wirksamkeit des Geschäfts hängt von Genehmigung des gesetzlichen Vertreters ab.
8. Lage bei einseitigen Rechtsgeschäften beschränkt Geschäftsfähiger?	§ 111 S. 1: ohne erforderliche Einwilligung stets unwirksam, bei rechtlichem Vorteil stets wirksam.
9. Unterschied Einwilligung/ Genehmigung?	Einwilligung: vor dem Geschäft erklärte Zustimmung; Genehmigung: nachträgliche Zustimmung
10. Wann liegt ein rechtlicher Vorteil i.S. des § 107 vor?	Wenn die Stellung des Minderjährigen in rechtlicher Hinsicht verbessert wird.
11. Was scheidet danach aus?	Verpflichtende schuldrechtliche Geschäfte.
12. Wirkung mittelbarer Folgen eines an sich rechtlich vorteilhaften Geschäftes?	Keine Auswirkungen.
13. Was ist ein beschränkter Generalkonsens?	Eine generelle Zustimmung der gesetzlichen Vertreter zu Geschäften, die mit einem klar umrissenen Vorhaben verbunden sind.
14. Wie ist § 110 systematisch einzuordnen und wo ist er zu prüfen?	Fall des § 107, daher nach diesem zu prüfen.
15. Voraussetzungen des § 110?	Verpflichtung durch Minderjährigen vollständig erfüllt und Mittel zu diesem Zweck/ freien Verfügung überlassen.
16. was ist ein neutrales Geschäft?	ein Geschäft das für den Minderjährigen weder vorteilhaft noch nachteilig ist
17. Ist dieses Geschäft wirksam?	ja, da es keines Schutzes des Minderjährigen bedarf
18. Beispiel für neutrales Geschäft?	Stellvertretung durch minderjährige Vertreter, § 165.

5. Kapitel
Die Stellvertretung und Ermächtigung

Bei der im Folgenden zunächst behandelten **gewillkürten Stellvertretung** geht es darum, die Fälle rechtlich zu erfassen, in denen derjenige, der das Geschäft für sich abschließen und gegen sich gelten lassen will, durch einen Dritten vertreten wird. Es handelt sich mithin (mindestens) um ein Dreiecksverhältnis, das sich so darstellen lässt:

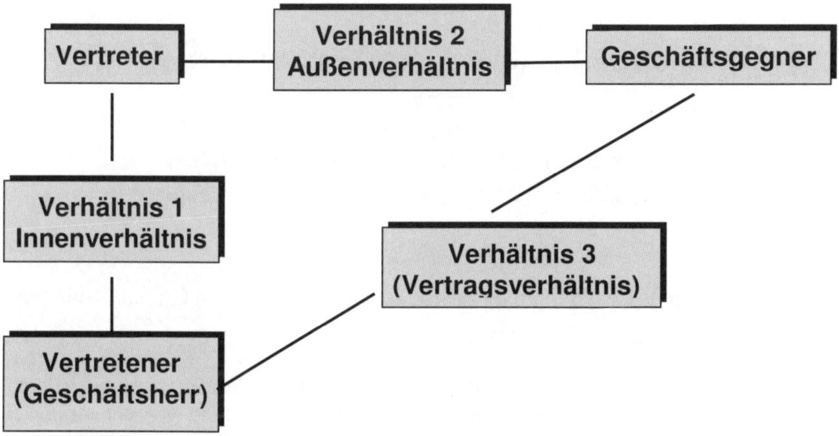

Das **Verhältnis 1** ist das **Innenverhältnis**, das bestimmt, dass der Vertreter für den Vertretenen handeln darf und woraus sich der Umfang der Handlungsbefugnis ergibt. Hier findet die Vollmacht ihre Grundlage, § 167, meist in einem Auftrag gem. § 662.

Das **Verhältnis 2** ist das **Außenverhältnis**. Dieses beinhaltet die Willenserklärung und ggf. Realakte, also die Vornahme des Geschäftes, da es die Beziehung zwischen dem handelnden Vertreter und dem Geschäftsgegner beschreibt.

Das **Verhältnis 3** bezeichnet die Ebene, auf der die Rechtswirkungen eintreten, also der Vertrag zustande kommt oder z.B. der Eigentumsübergang stattfindet.

Die §§ 164 ff regeln die gewillkürte Stellvertretung, die auf Rechtsgeschäft beruht. Gegensatz: Gesetzliche Stellvertretung, die ihre Grundlage in gesetzlichen Regelungen hat.

Die Voraussetzungen der Stellvertretung

1. Zulässigkeit der Vertretung
2. Eigene Willenserklärung des Vertreters
3. Handeln im fremden Namen
4. Vertretungsmacht

⇩

Rechtsfolge (=Wirkung) der Stellvertretung

⇩

es kommt ein Vertrag unmittelbar zwischen Geschäftsherr und Geschäftsgegner zustande

Die Voraussetzungen werden im Einzelnen nach dem folgenden Grundfall erläutert.

Fall 15:

Unternehmer U schickt seinen Mitarbeiter V zu dem Kunden B. Dort wird zwischen V und B über den Einbau einer neuen Elektroinstallation im Haus des B verhandelt. Man einigt sich schließlich auf einen Preis von 6.000,00 Euro, wobei V ausdrücklich für U handelt. U ist, als V ihm berichtet, nicht einverstanden, da ihm 6.000,00 Euro zu wenig erscheinen. U hatte V jedoch "freie Hand" für den Abschluss gelassen. Hat B Anspruch auf Erstellung der Anlage?

Lösungsvorschlag

Da es sich um eine erfolgsbezogene Leistung handelt, bewegen Sie sich im Werkvertragsrecht. Das Begehren des B findet in § 631 Abs.1 seine Grundlage.

B könnte gegen U einen Anspruch auf Erstellung der Anlage aus § 631 Abs.1 haben.

Dann müsste ein Werkvertrag wirksam zwischen U und B zustande gekommen sein. Da ein Vertragsschluss zwei wirksame, sich inhaltlich deckende Willenserklärungen voraussetzt, könnte hier zweifelhaft sein, ob ein Vertrag tatsächlich zustande kam. Soweit ersichtlich hat U nicht selbst Kontakt mit B gehabt, so dass er diesem gegenüber auch keine Willenserklärung abgeben konnte.

Ein Vertrag wäre aber dann zustande gekommen, müsste sich U die Erklärungen des V zurechnen lassen. Das wäre der Fall, hätte V den U bei den Verhandlungen wirksam gem. §§ 164 ff vertreten.

Eine wirksame Stellvertretung setzt zunächst voraus, dass der Vertreter, hier V, eine eigene wirksame Willenserklärung abgegeben hat.

Die erste Voraussetzung - Stellvertretung muss zulässig sein - wird regelmäßig nur dann in die Ausarbeitung aufgenommen, wenn Zweifel an der Zulässigkeit bestehen.

Innerhalb der Verhandlungen mit B hat V sich mit B geeinigt. Daraus lässt sich entnehmen, dass beide sich inhaltlich deckende Willenserklärungen abgegeben haben. Folglich liegt eine eigene Willenserklärung des V vor.

Weiter ist für die Stellvertretung Offenkundigkeit, d. h. Handeln des Vertreters im Namen des Vertretenen, nötig.

V trat ausdrücklich für U in den Verhandlungen auf, so dass auch diese Voraussetzung der §§ 164 ff vorliegt.

Häufig gibt es an dieser Stelle Probleme, weil der Sachverhalt nicht aussagt, ob der Vertreter im fremden Namen abschloss oder nicht. Dann ist der Sachverhalt lebensnah auszulegen. Sofern zuvor Hinweise gegeben werden, dass jemand als Vertreter handelt oder ähnliches, kann man so argumentieren, dass er sich dann auch so verhalten haben wird, wie ein redlicher, gewissenhafter Vertreter und das Gebot der Offenkundigkeit erfüllte, da anders lautende Hinweise dem Sachverhalt nicht zu entnehmen seien. Meist wird der Aufgabensteller in Fällen fehlender Offenkundigkeit diese - als Abweichung vom Normalfall - kenntlich machen. Anders nur in den sog. Geschäften des täglichen Lebens - s. dazu noch unten.

Schließlich müsste V Vertretungsmacht gehabt haben. Da U den V zu B geschickt hat und ihm freie Hand für den Abschluss ließ, kann daraus entnommen werden, dass V das Recht haben sollte, den U zu vertreten. Folglich hat U dem V Innenvollmacht i.S. des § 167 Abs.1, 1. Fall erteilt. Da V "freie Hand" hatte, war seine Vertretungsmacht auch nicht beschränkt. Somit hatte V auch Vertretungsmacht zum Abschluss des Vertrages zu Euro 6.000,00. Der spätere Unmut des U ist daher rechtlich bedeutungslos.

Damit liegen die Voraussetzungen für eine wirksame Stellvertretung gem. §§ 164 ff vor. Folge ist, dass U sich die Erklärungen des V zurechnen lassen muss und somit gem. § 164 Abs.1 U selbst gegenüber B verpflichtet wird. Also ist ein Werkvertrag unmittelbar zwischen U und B wirksam zustande gekommen.

Da Erlöschensgründe nicht ersichtlich sind, ist der Vertrag auch nicht wieder erloschen.

Sie lernen hier im Ansatz schon etwas Neues kennen. Bisher haben Sie stets nur das Zustandekommen geprüft. Danach sollte man immer - zumindest gedanklich - feststellen, ob der wirksam zustande gekommene Vertrag nicht etwa wieder erloschen ist. Erlöschungsgründe sind z.B. Anfechtung, Erfüllung oder Unmöglichkeit. Dazu näher unten bzw. in Band 3, Schuldrecht, AT.

Folglich hat B gegen U einen Anspruch auf Erstellung der Elektroinstallation zum Preis von 6.000,00 Euro aus § 631 Abs.1.

§§§§§§§§§§§§§§§§§§§§§§

Die Voraussetzungen der Stellvertretung im Einzelnen

Die **Zulässigkeit der Stellvertretung** wird in Falllösungen nur dann erwähnt, wenn Zweifel daran bestehen! Dies sind seltene Ausnahmen, da im rechtsgeschäftlichen Bereich Stellvertretung grundsätzlich zulässig und sie nur bei höchstpersönlichen Rechtsgeschäften nicht möglich ist, so z. B. bei Eheschließung, § 13 EheG, oder Testamentserrichtung, § 2064. Fehlen kann die Zulässigkeit auch bei entsprechender vertraglicher Vereinbarung.

Zu trennen von den Fällen der fehlenden Zulässigkeit der Stellvertretung sind diejenigen, in denen die Vertretungsmacht beschränkbar bzw. ausgeschlossen ist, so z.B. bei §§ 1643, 1821 f bzw. 1629 Abs.2, 1795.

Eigene Willenserklärung des Vertreters

Der Vertreter muss eine **eigene Willenserklärung** abgeben, da die §§ 164 ff auf rechtsgeschäftlichem Handeln beruhen. Rein tatsächliche Handlungen, z.B. der Besitzerwerb nach § 854 Abs.1 oder die Übergabe nach § 929, werden durch die §§ 164 ff nicht erfasst. Daraus, dass der Vertreter eine eigene Willenserklärung abgibt, folgt, dass die **Regeln über Willenserklärungen** und deren Wirksamkeit grundsätzlich auch hier anzuwenden sind. So ist z.B. Zugang und Form erforderlich.

Hinsichtlich der **Geschäftsfähigkeit des Vertreters** trifft **§ 165** jedoch eine Sonderregelung: die beschränkte Geschäftsfähigkeit genügt für eine wirksame Erklärung im Rahmen der Stellvertretung. Der Grund liegt in der Wirkung der Stellvertretung: sie wirkt nicht zu Lasten des minderjährigen Vertreters, sondern bindet dessen Geschäftsherrn. Damit ist diese Erklärung für den Minderjährigen nicht nachteilig und der Gedanke des Minderjährigenschutzes gewahrt. Andererseits ist die Erklärung auch nicht vorteilhaft für ihn, vielmehr handelt es sich um ein für den Minderjährigen **neutrales Geschäft**. Aus § 165 folgert man daher den allgemeinen Grundsatz, dass für den Minderjährigen neutrale Geschäfte stets wirksam sind.

Beachten Sie: **§ 165 erfasst nur beschränkt Geschäftsfähige nicht Geschäftsunfähige!**

Innerhalb dieses Merkmals der Stellvertretung ist der **Vertreter vom Boten abzugrenzen**. Der Unterschied zwischen Bote und Vertreter liegt darin, dass der **Vertreter eine eigene Willenserklärung** abgibt, während der Bote eine **fremde Willenserklärung** übermittelt.

Für die Abgrenzung ist auf das **äußere Erscheinungsbild** abzustellen. Lässt dieses aus Sicht des Erklärungsempfängers auf **Entscheidungsspielraum des Handelnden** schließen, so liegt eine eigene Willenserklärung und somit Stellvertretung vor. Anderenfalls ist von Botenschaft auszugehen. Das Innenverhältnis bleibt unbeachtlich (Verkehrsschutzinteresse!), so dass auch sog. "Vertreter mit gebundener Marschroute" möglich sind, bei denen dem Vertreter (allein) im Innenverhältnis genau vorgeschrieben ist, was er zu tun und lassen hat.

Die §§ 164 ff sind auf Fälle der Botenschaft nicht unmittelbar anwendbar, werden aber z.T. entsprechend angewandt.

Anders als der Vertreter kann ein **Bote** aber auch **geschäftsunfähig** sein.

Gem. § 166 (lesen!) kommt es bei der Frage nach **Willensmängeln, Kenntnis, Kennenmüssen** usw. auf die **Person des Vertreters** an, denn nur der Vertreter gibt eine Willenserklärung ab, die dadurch beeinflusst sein könnte.

Beim Boten sind dagegen die Willensmängel beim Vertretenen maßgeblich, da es ja dessen Willenserklärung ist, die abgegeben wird und von Mängeln beeinflusst sein kann!

Um einen "Missbrauch des Vertreters" durch den Geschäftsherrn zu verhindern, regelt § 166 Abs.2, dass bei weisungsgebundenen Vertretern sich der Geschäftsherr nicht hinter der Unkenntnis seines Vertreters verbergen kann, sondern es dann ausnahmsweise auf seine (die des Geschäftsherrn) Person ankommt.

Zu den Problemen des § 166 Abs.2: Diehn, Streitstände Kompakt, Bd.3, Streitstand 26.

Fall 16:

A schickt B in das Geschäft des C. Er soll dort dem C erklären, dass A dessen Angebot über den Erwerb eines Fernsehgerätes annehme. B handelt erkennbar wie ihm aufgetragen, C liefert, A zahlt jedoch nicht. Ansprüche des C auf Kaufpreiszahlung?

Lösungsvorschlag

C könnte einen Anspruch auf Zahlung des Kaufpreises gegen A aus § 433 Abs.2 haben.

Dann müsste ein Kaufvertrag wirksam zustande gekommen sein. Der Abschluss eines Kaufvertrages setzt zwei inhaltlich übereinstimmende Willenserklärungen voraus, Angebot und Annahme. Das notwendige Angebot ist laut Sachverhalt von C erfolgt. Fraglich ist jedoch, ob A dieses angenommen hat. A selbst ist gegenüber C nicht aufgetreten, die Erklärung des B könnte ihm aber zugerechnet werden, hätte dieser als Stellvertreter gem. §§ 164 ff gehandelt.

Dann müsste B gegenüber C eine eigene Willenserklärung abgegeben haben. Da B lediglich das ihm von A Aufgetragene übermittelte, erscheint dies fraglich. Es geht damit um die Frage, ob B hier nicht als Bote eine fremde Willenserklärung weiterleitete. Für die Abgrenzung zwischen Stellvertreter und Bote ist auf das äußere Erscheinungsbild aus Sicht des Erklärungsempfängers abzustellen. Lässt dieses auf Entscheidungsfreiheit des Handelnden schießen, so liegt eine eigene Willenserklärung und somit Stellvertretung vor. Anderenfalls ist Botenschaft gegeben. Da B laut Sachverhalt "erkennbar" nach seinem Auftrag, den er von A erhalten hatte, auftritt und er exakt dessen Erklärung darlegt, kann man nicht von einem äußeren Erscheinungsbild ausgehen, das auf eine Entscheidungsfreiheit des B schließen ließe. Demnach ist B als Bote anzusehen, der damit keine eigene Willenserklärung abgab, sondern die des A übermittelte. Folglich hat B nicht als Stellvertreter gehandelt, sondern die Äußerung des B stellt sich als unmittelbare Willenserklärung des A dar. Also ist ein Kaufvertrag zwischen A und C wirksam zustande gekommen. Folglich hat C einen Anspruch gegen A auf Zahlung des Kaufpreises aus § 433 Abs.2.

§§§§§§§§§§§§§§§§§§§§§§

Das Offenkundigkeitsprinzip der Stellvertretung

Das **Handeln in fremdem Namen, das Offenkundigkeitsprinzip,** besagt, dass der Vertreter (deutlich) darlegen muss, dass er für einen anderen handelt.
Dies kann zum einen in **ausdrücklicher Form** geschehen.

Bsp.: *V sagt dem G, dass er die Sache für K erwerben wolle.*

Andererseits kann aber auch in **schlüssiger Weise** offenkundig gehandelt werden, insbesondere wenn sich dies aus den Umständen ergibt, § 164 Abs.1 S.2.

Bsp.: *Die Kassiererin K im Supermarkt des S sagt zwar nicht, dass sie für S handelt, dies ergibt sich jedoch aus dem Umstand, dass Sie dort an der Kasse sitzt; ebenso, wenn jemand für eine Jur. Person, z.B. eine GmbH tätig wird, da diese selbst nicht handeln kann.*

Das **Offenkundigkeitsprinzip** wird in zwei Fällen **durchbrochen**, in denen ein Schutz des Geschäftsgegners (dies wird überwiegend als Sinn des Merkmals der Offenkundigkeit angesehen) nicht geboten erscheint. Dort ist die Offenkundigkeit als Merkmal wirksamer Stellvertretung dann ausnahmsweise verzichtbar.

Das Geschäft an den, den es angeht

Wenn demjenigen, der dem Vertreter gegenüber steht, die Person seines Vertragspartners völlig gleichgültig ist, kommt das Geschäft ausnahmsweise auch ohne Aufdeckung der Vertreterstellung direkt mit dem Vertretenen zustande. Als Beispiele gelten die sog. **Bargeschäfte des täglichen Lebens**, da dort regelmäßig - wegen der sofortigen endgültigen Abwicklung - kein Interesse an der Person des Vertragspartners existiert.

Bsp.: *V erwirbt für B bei D ein Buch, ohne dabei zu offenbaren, dass er, V, für B handelt. V bezahlt und erhält das Buch. - Der Kauf des Buches ist ein Bargeschäft des täglichen Lebens und D ist es völlig egal, ob im Endeffekt V oder ein anderer, wie z.B. B, das Buch tatsächlich erwirbt. Für D wäre es nur dann von Interesse, wenn er noch Ansprüche gegen B /V hätte. Geschäft an den, den es angeht liegt hier also vor, die Offenkundigkeit ist daher verzichtbar.*

Diese Voraussetzungen liegen nicht vor, wenn z.B. Teilzahlungen ausstehen, also bei Raten- und Kreditgeschäften, bei Lieferung auf Rechnung usw. , da in diesen Fällen dem Geschäftspartner nicht egal ist, wer sein Vertragspartner wird, da er gegen diesen noch Ansprüche hat. Ebenso liegt es, wenn einem Käufer auf Seiten des Verkäufers ein Vertreter gegenüber tritt: der Käufer möchte z.B. im Hinblick auf Gewährleistungsansprüche schon wissen, wer sein Vertragspartner wird.

Das unternehmensbezogene Geschäft

Geht der (nicht nach außen erkennbare) Wille der Handelnden in einem Geschäft übereinstimmend dahin, dass der Betriebsinhaber gebunden werden soll, so kommt das Geschäft trotz der damit fehlenden Offenkundigkeit mit dem Inhaber zustande.

Bsp.: *K kauft im Laden des V ein Radio und wird dabei von dem Angestellten L bedient, der nicht offenbart, nur angestellt zu sein. - Der Vertrag kommt unmittelbar zwischen V und K zustande, da man unterstellen kann, dass es sowohl dem Willen des K wie des L entspricht, dass aus diesem Geschäft der V unmittelbar verpflichtet werden soll.*

Beachten Sie: in beiden Ausnahmefällen darf nur die Offenkundigkeit fehlen, die übrigen Voraussetzungen wirksamer Stellvertretung (eigene Willenserklärung und Vertretungsmacht) müssen vorliegen! Und es darf kein Fall des § 164 Abs.1 S.2 gegeben sein, der als gesetzliche Regel vorgeht!

Fall 17:

D geht in das Geschäft des G, um einen Fernseher zu erwerben. Dort bedient ihn der Angestellte des G, der A, der jedoch seine Angestelltenstellung nicht aufdeckt. D lässt ein Gerät durch A bestellen. Als dieses einige Zeit später bei G eintrifft, will der D es nicht abnehmen. G fragt nach seinen Ansprüchen.

Lösungsvorschlag

G könnte gegen D einen Anspruch auf Abnahme des Gerätes aus § 433 Abs.2 haben.

Dann müsste ein Kaufvertrag zwischen G und D wirksam zustande gekommen sein. Der Abschluss eines Kaufvertrages setzt zwei sich inhaltlich deckende Willenserklärungen voraus. Dies ist hier insofern fraglich, als G nicht selbst mit D in Kontakt getreten ist, er demnach keine Willenserklärung gegenüber G abgegeben hat. Jedoch könnte ihm die Willenserklärung des A zuzurechnen sein, hätte dieser als sein Stellvertreter gem. §§ 164 ff gehandelt.

Dann müsste A eine eigene Willenserklärung abgegeben haben. Da D den Fernseher "bestellt", ist davon auszugehen, dass die zu einem Kauf notwendigen Erklärungen der beteiligten Parteien auch hier erfolgten, also seitens des A eine wirksame Willenserklärung vorliegt.

Weiter müsste A in fremdem Namen aufgetreten sein. Dies lässt sich dem Sachverhalt aber nicht entnehmen. Damit lägen die Voraussetzungen der §§ 164 ff nicht vor, es sei denn, man könnte hier ausnahmsweise auf die generell erforderliche Offenkundigkeit verzichten.

Das wäre möglich, läge ein sog. "Geschäft an den, den es angeht" vor. Danach kommt das Geschäft unmittelbar mit dem Vertretenen zustande, sofern dem Geschäftsgegner die Person des Vertragspartners völlig gleichgültig ist. Ob diese Ausnahme hier allerdings eingreift, erscheint zweifelhaft. Betrachtet man einmal die Interessenlage, so besteht hier seitens des D sehr wohl ein Interesse daran, wer auf der anderen Seite tätig wird, hängt doch davon zum Beispiel ab, gegen wen und unter Umständen ob D überhaupt Gewährleistungsansprüche durchsetzen kann. Da es somit D nicht gleichgültig ist, wer sein Vertragspartner wird, liegen die Voraussetzungen eines "Geschäftes an den, den es angeht" nicht vor.

Es könnte hier jedoch eine weitere Ausnahme vom Offenkundigkeitsprinzip eingreifen: Das unternehmensbezogene Geschäft. Danach kommt ein Geschäft stets mit dem Inhaber eines Betriebes zustande, wenn beide Vertragsschließenden für und gegen den Inhaber abschließen wollen. Da es sich bei dem von G betriebenen Geschäft um einen Gewerbebetrieb handeln dürfte und der A in diesem tätig ist, kann man lebensnah davon ausgehen, dass sowohl A als auch D den Vertrag mit dem Inhaber des Betriebes und nicht etwa mit A zustande kommen lassen wollten. Damit liegen die Voraussetzungen für diese Ausnahme vom Offenkundigkeitsprinzip vor.

Weiter müsste A mit Vertretungsmacht gehandelt haben. Diese könnte zumindest konkludent mit der Anstellung des A für den Laden des G erteilt worden sein. Jedenfalls verfügt A als Ladenangestellter jedoch über Vollmacht kraft Gesetzes gem. § 56 HGB.

Folglich liegen die Voraussetzungen für eine wirksame Stellvertretung des A für G vor, so dass ein Kaufvertrag zwischen D und G wirksam zustande gekommen ist.

Folglich hat G gegen D einen Anspruch auf Abnahme des Fernsehers aus § 433 Abs.2.

Prüfungsfolge Offenkundigkeit

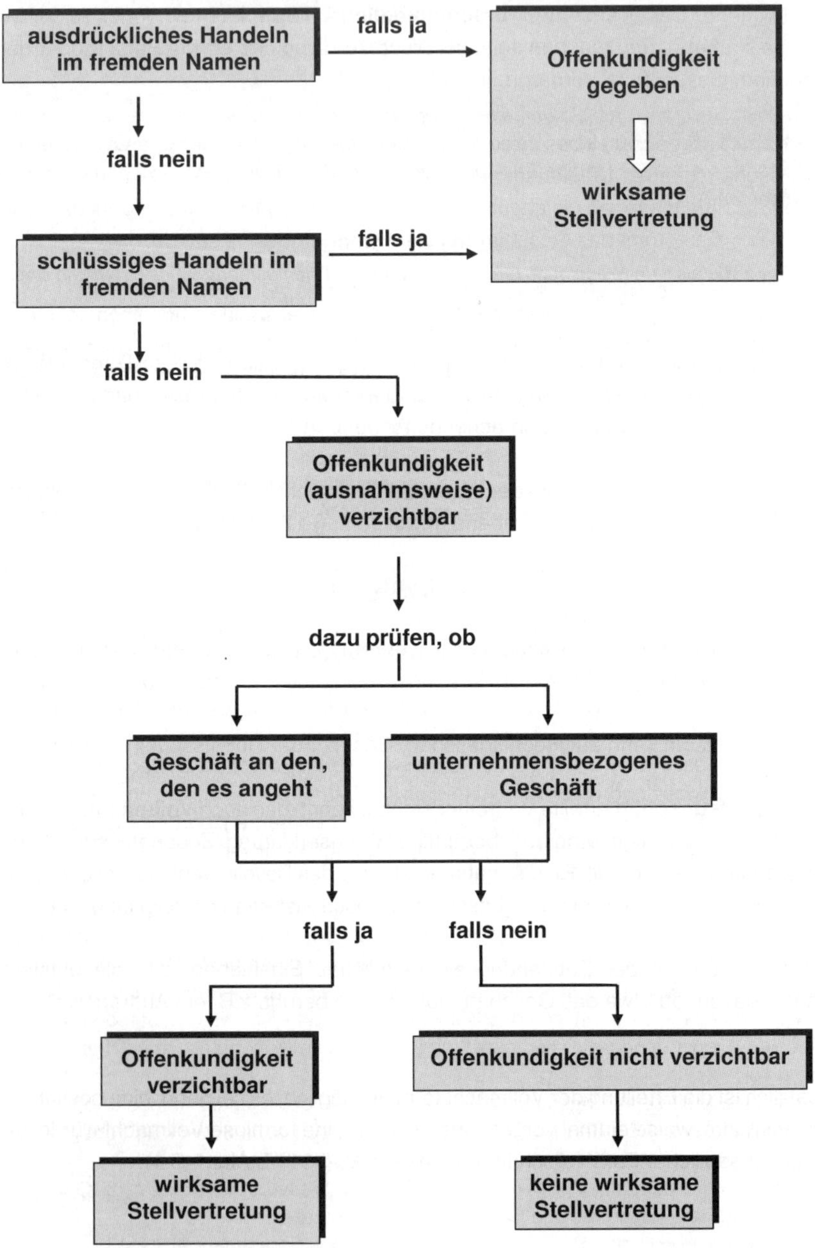

Abzugrenzen von der Offenkundigkeit - Handeln im fremdem Namen - ist das **Handeln unter fremdem Namen**. Diese Fälle beschreiben das Auftreten unter Verwendung eines anderen Namens. Dabei sind **zwei unterschiedliche Möglichkeiten** voneinander zu trennen: die Namens- und die Identitätstäuschung, je nachdem, ob die Person oder der Name bei dem Geschäft im Vordergrund steht.

Fälle der **Namenstäuschung** beschreiben das Auftreten unter fremdem Namen, in denen es dem Geschäftsgegner auf die ihm gegenüberstehende Person ankommt, der Name, den diese trägt, ihm hingegen gleichgültig ist. Der Name trägt hier nicht zur Identifizierung der Person bei. Es kommt das Geschäft **mit dem Handelnden** zustande.

***Bsp.**: Herr X tritt als Herr Y auf; auch die Verwendung von Phantasienamen - z.B. Donald Duck, Django - oder Allerweltsnamen - Meyer, Müller - fällt hierunter.*

Im Fall der **Identitätstäuschung** will der Geschäftsgegner gerade mit dem Träger dieses Namens abschließen, der Name trägt mithin zur Identifizierung der Vertragspartei bei. Hier sollen die Regeln der §§ 164 ff entsprechende Anwendung finden.

Beachten Sie: Es ist zu prüfen, ob der "Vertreter" Vollmacht hatte (i.d.R. nicht!), sonst ist das Geschäft schwebend unwirksam, § 177 ff analog!

Vertretungsmacht

Letzte Voraussetzung für eine wirksame Stellvertretung ist die **Vertretungsmacht** des Vertreters.

Die Vertretungsmacht kann auf Rechtsgeschäft, Gesetz oder Rechtsschein beruhen.

Die durch **Rechtsgeschäft** erteilte Vertretungsmacht nennt man auch **Vollmacht**. Sie wird gem. § 167 durch einseitige, empfangsbedürftige Willenserklärung (Zugang!) - auch durch schlüssiges Verhalten – erteilt. Eine Annahmeerklärung des Bevollmächtigten ist demnach nicht erforderlich. Bei Erteilung durch beschränkt Geschäftsfähige gilt folglich § 111.

Die Vollmacht führt in der Entstehung ein rechtliches Eigenleben, d.h. sie entsteht unabhängig davon, ob etwa das Geschäft, auf dem sie beruht, z.B. ein Auftrag, wirksam ist.

Grundsätzlich ist die Erteilung der Vollmacht formlos möglich, es sei denn, eine bestimmte Form ist ausnahmsweise einmal vorgeschrieben bzw. eine formlose Vollmacht würde zur Umgehung gesetzlicher Formvorschriften führen (z. B. § 311 b Abs.1 S.1).

Bei der Vollmacht unterscheidet man verschiedene Arten:

Die **Innenvollmacht**, § 167 Abs.1, 1.Alt. Sie wird durch Erklärung des Geschäftsherrn (Vertretener) gegenüber dem Vertreter erteilt.

Die **Außenvollmacht**, § 167 Abs.1, 2.Alt. Sie wird durch Erklärung des Geschäftsherrn gegenüber dem Geschäftsgegner erteilt.

Die **nach außen kundgemachte Innenvollmacht**, betrifft Fälle, in denen zur Innenvollmacht die Kundgabe der Vollmacht an den Geschäftsgegner hinzutritt, §§ 171 Abs.1, 172 Abs.1.

Schließlich gibt es noch die **Vollmacht an die Öffentlichkeit** gem. § 171 Abs.1.

Die Unterscheidung der Vollmachtsarten hat deshalb Bedeutung, weil außer im Fall der Innenvollmacht beim Geschäftsgegner ein Vertrauen in die Richtigkeit und in den Bestand der Vollmacht dadurch erzeugt wird, dass dieser in Kenntnis davon gesetzt wird. Das Gesetz trägt dem in §§ 170, 171 Abs.2, 172 Abs.2, 173 in der Weise Rechnung, dass bei Erlöschen der Vollmacht diese gegenüber dem gutgläubigen Geschäftsgegner als noch bestehend angesehen wird, sog. **Rechtsscheinvollmacht**. An der Erzeugung solchen Vertrauens fehlt es hingegen bei der Innenvollmacht. Hier liegt daher das Bestandsrisiko der Vollmacht beim Geschäftsgegner.

Die Vollmacht erlischt:
- mit dem Grundgeschäft, § 168;
- mit dem Widerruf der Vollmacht, § 168, sofern Vollmacht nicht unwiderruflich erteilt wurde (Ausnahme!)
- bei befristeter Vollmacht mit Zeitablauf
- bei bedingter Vollmacht mit Bedingungseintritt.

Beachten Sie: Die Außenvollmacht kann auch im Innenverhältnis, also gegenüber dem Vertreter widerrufen werden! Es bleibt dann allerdings möglicherweise eine Rechtsscheinvollmacht zugunsten des Geschäftsgegners erhalten.

Weiter unterscheidet man folgende, gesetzlich nicht geregelte Fälle der Vollmacht:

1. Die **Spezialvollmacht**, sie berechtigt nur zu Vornahme eines ganz bestimmten Geschäftes.
2. Die **Generalvollmacht**, sie berechtigt zu allen Handlungen innerhalb eines nicht zu eng begrenzten Bereiches.
3. Die **Gesamtvollmacht** bezeichnet Fälle, in denen mehrere bevollmächtigt sind und nur gemeinsam den Geschäftsherrn vertreten dürfen.

4. Die **Untervollmacht**, sie bezeichnet Fälle, in denen ein Vertreter seinerseits wieder einen Dritten bevollmächtigt. Bei der Untervollmacht wird überwiegend zwischen sog. **mittelbarer und unmittelbarer Untervertretung** unterschieden. In den Fällen mittelbarer Untervertretung wird der "Untervertreter" Vertreter des Vertreters, muss also in dessen Namen handeln und auf dessen Vertreterstellung hinweisen. In Fällen unmittelbarer Untervertretung wird der Untervertreter unmittelbar zum Vertreter des Geschäftsherrn bestellt. Er schließt in dessen Namen das Geschäft ab. Problematisch ist hier meist, ob der Vertreter seinerseits Vollmacht hat, einen solchen Untervertreter zu bevollmächtigen.

Gesetzliche Vertretungsmacht kann sich aus einer Reihe von Vorschriften ergeben. Hier ordnet das Gesetz an, dass eine bestimmte Person (gesetzlicher Vertreter) die Befugnis hat (Vertretungsmacht) einen anderen (Vertretener) in bestimmten Belangen zu vertreten. Beispiele finden sich meist im Familienrecht, so in §§ 1629, 1793, 1909. Zum Teil schränkt das Gesetz den Umfang der Vertretungsmacht ein, so z.B. in §§ 1821, 1822.

Rechtsscheinvollmachten

Besondere Formen der Vertretungsmacht beinhalten die sog. Rechtsscheinvollmachten. Als Rechtsscheinvollmachten gelten einmal die oben erwähnten Fälle der §§ 170 bis 172. Lehre und Rechtsprechung haben darüber hinaus weitere Rechtsscheinvollmachten erarbeitet.

Die **Duldungsvollmacht** beschreibt Fälle, in denen der Vertretene weiß, dass jemand (der "Vertreter") für ihn rechtsgeschäftlich tätig wird, er aber gleichwohl nichts dagegen unternimmt, obgleich ihm das möglich und zumutbar wäre. Dieses bewusste Dulden muss der Geschäftsgegner nach Treu und Glauben als Bevollmächtigung verstehen dürfen.

> ***Bsp.**: Angestellter A erwirbt bei H wiederholt ohne Vollmacht Waren, die sein Chef C stets bezahlte. C, aber nicht H, hatte das vollmachtlose Handeln des A erkannt, aber nicht gerügt. – Duldungsvollmacht, da H auf Vollmacht vertrauen durfte und C dies hätte verhindern können.*

Anscheinsvollmacht liegt vor, wenn jemand in zurechenbarer Weise den Anschein dadurch setzt, er habe einen anderen bevollmächtigt, weil er das Handeln des "Vertreters" hätte erkennen und verhindern können und müssen und der andere Teil auf eine Bevollmächtigung vertrauen durfte. Folge: Vollmacht gilt als gegeben.

> ***Bsp.**: wie vor, aber C hat das vollmachtlose Handeln nicht bemerkt, hätte es aber erkennen können. – Anscheinsvollmacht, da C den Anschein einer Bevollmächtigung gegen sich gelten lassen muss.*

Die subjektive Seite der Stellvertretung

Aus § 164 Abs.2 ergibt sich, dass ein der Vertretung entgegenstehender Wille unbeachtlich ist. Überwiegend wird daraus geschlossen, dass es auf den Willen zur Vertretung nicht ankomme, es also eines **Vertreterwillens nicht bedürfe**. Damit liegt auch in Fällen, in denen der Vertreter objektiv die Voraussetzungen der §§ 164 ff erfüllt, er subjektiv aber keinen Vertreterwillen aufweist, wirksame Stellvertretung vor.

Grenzen der Stellvertretung

Es stellt sich nun die Frage nach den Grenzen der Stellvertretung und den Folgen, wenn solche Grenzen überschritten werden.

Neben den gesetzlichen Beschränkungen der Vertretungsmacht, so z. B. §§ 1629 Abs.2 i.V.m. § 1795; 1643, 1821, 1822 und 181 (dazu unten) folgen Einschränkungen hauptsächlich aus der Vollmachterteilung selbst, d.h. aus dem Umfang der Vollmacht.

Oft kommt es vor, dass der Vertreter im Rahmen seiner ihm erteilten Vertretungsmacht handelt, jedoch allein im Innenverhältnis zum Geschäftsherrn weiter eingeengt war und er dieser Maßgabe zuwider tätig wird. Hier muss der Vertretene die von der Vertretungsmacht gedeckten Erklärungen des Vertreters gegen sich gelten lassen - er wird wirksam rechtsgeschäftlich gebunden.

Es sind jedoch insoweit zwei Ausnahmen anerkannt, in denen trotz vorliegender Vertretungsmacht der Vertretene nicht gebunden wird:

1. Die **Kollusion**, sie beschreibt Fälle, in denen Vertreter und Geschäftsgegner einverständlich zusammenwirkt, um den Vertretenen zu schädigen. Hier erachtet man das Geschäft als nichtig gem. § 138, str.

2. Fälle des sog. **Missbrauchs der Vertretungsmacht**, die ebenfalls nicht zur Bindung des Vertretenen führen. Die Voraussetzungen dieser Fälle sind:

- **Missbrauchen der tatsächlich bestehenden Vertretungsmacht**, die das Geschäft an sich formal auch deckt. Jedoch werden die im Innenverhältnis gesetzten Schranken vom Vertreter zum Nachteil des Vertretenen überschritten. Str. ist, ob dies bewusst, also vorsätzlich geschehen muss oder nicht.
  Dazu Diehn, Streitstände *Kompakt*, Bd.3, Streitstand 33.

- Der **Missbrauch** muss für den **Geschäftsgegner offenkundig (evident) oder ihm bekannt gewesen** sein. Bloße Fahrlässigkeit genügt nicht.

Fall 18:
V soll für G dessen Pkw "zum Marktpreis" verkaufen. Das Fahrzeug hat einen Wert von 3.000,00 Euro. Da es V jedoch lästig ist, sich um den Verkauf zu bemühen, denn nur so kann er einen Kaufpreis von 3.000,00 Euro realisieren, bietet er K den Wagen für 1.000,00 Euro an. K erkennt die Beweggründe des V. Das ist ihm freilich egal und er erwirbt den Wagen. Kann K von G Übereignung verlangen?

Lösungsvorschlag

K könnte einen Anspruch auf Übereignung des Pkw aus § 433 Abs.1 gegen G haben.

Dann müsste ein Kaufvertrag wirksam zustande gekommen sein. Der Abschluss eines Kaufvertrages setzt zwei sich inhaltlich deckende Willenserklärungen voraus. Da hier G jedoch selbst nicht in Kontakt mit K getreten ist, könnte ein Vertrag unmittelbar zwischen G und K nur dann zustande gekommen sein, wenn sich G das Angebot des V an K gem. §§ 164 ff zurechnen lassen müsste.

Eine wirksame Stellvertretung setzt zunächst eine eigene Willenserklärung sowie Offenkundigkeit seitens des Vertreters voraus. Da V dem K den Wagen anbietet, kann von einer eigenen Willenserklärung des V ausgegangen werden. Bei lebensnaher Auslegung des Sachverhaltes - K kennt die Hintergründe, damit vermutlich auch das Vertretungsverhältnis - kann man ferner annehmen, dass V seine Vertreterstellung gegenüber K auch offenbarte.

Weiter müsste V Vertretungsmacht gehabt haben. Durch den Auftrag von G, das Fahrzeug zu veräußern, wurde ihm zunächst konkludent Vollmacht zum Abschluss eines Kaufvertrages erteilt. Die Beschränkung, "zum Marktpreis" zu verkaufen, betrifft lediglich die Ausgestaltung des Innenverhältnisses V/G, lässt jedoch die Vertretungsmacht für das Geschäft als solches - Verkauf - unberührt. Damit bestand wirksame Vertretungsmacht für V, die auch das Geschäft mit K deckte.

Folglich liegen die Voraussetzungen für eine wirksame Stellvertretung nach § 164 ff an sich vor. Dennoch könnte es hier dem K verwehrt sein, sich auf die Stellvertretung durch V zu berufen, wenn nämlich ein Fall der Kollusion oder des Missbrauchs der Vertretungsmacht vorläge.

Die Kollusion bezeichnet Fälle, in denen der Vertreter mit dem Geschäftsgegner einverständlich zusammenwirkt, um den Vertretenen zu schädigen. Ein solches einverständliches Zusammenwirken von K und V ist hier nicht ersichtlich, vielmehr nutzte K lediglich "die Gunst der Stunde" zu seinen eigenen Zwecken aus. Kollusion liegt mithin nicht vor.

Es käme jedoch ein Fall des Missbrauchs der Vertretungsmacht in Betracht. Dies setzt zunächst voraus, dass der Vertreter die ihm tatsächlich eingeräumte Vertretungsmacht missbraucht. Der V weiß, dass er die ihm eingeräumte Möglichkeit, das Fahrzeug auch zu einem geringeren Preis zu verkaufen, ausnutzt. Die ihm von G gesetzten Grenzen überschreitet er somit bewusst. Nach außen ist das Geschäft durch die Erteilung der Vollmacht jedoch gedeckt, s.o.

Weiter ist für den Missbrauch der Vertretungsmacht nötig, dass der Missbrauch für den Geschäftsgegner zumindest offenkundig gewesen ist. Da laut Sachverhalt K die Hintergründe, also auch den bewussten Missbrauch bestehender Vertretungsmacht, erkannte, liegt auch diese Voraussetzung vor.

Somit stellt sich der Abschluss des Geschäftes als Missbrauch der Vertretungsmacht dar. Folge eines solchen Falles ist es, dass sich der Geschäftsgegner, also hier K, nicht auf die formal existente, das Geschäft deckende Vertretungsmacht berufen kann. Dies wird aus dem Grundsatz von Treu und Glauben gem. § 242 gefolgert.

Demnach liegt keine wirksame Stellvertretung des G durch V vor, also ist G die Willenserklärung des V nicht gem. §§ 164 ff zuzurechnen, so dass kein Kaufvertrag zwischen K und G wirksam zustande gekommen ist.

Damit hat K keinen Anspruch gegen G auf Übereignung des Pkw gem. § 433 Abs.1.

§§§§§§§§§§§§§§§§§§§§§§

Folge des Fehlens von Voraussetzungen der Stellvertretung

Nachfolgend wird dabei unterschieden zwischen den
1. **primären Folgen**, also welche **Wirkung** sich **auf die Stellvertretung** ergibt
2. **sekundären Folgen**, also welche **Ansprüche** sich ggf. **gegen den „Vertreter“** ergeben.

Fehlende Zulässigkeit

Fehlt es an der Zulässigkeit der Stellvertretung, ist diese **nicht wirksam**. Es kommt auch **kein Eigengeschäft** des "Vertreters" in Betracht.

Fehlende eigene Willenserklärung

Fehlt es an der eigenen Willenserklärung oder deren Wirksamkeit, liegt ebenfalls **keine wirksame Stellvertretung** vor.

Ein **Eigengeschäft des "Vertreters"** scheidet auch aus, da es dafür an der dazu notwendigen Willenserklärung des Vertreters gerade fehlt.

Fehlende Offenkundigkeit

Fehlt es an der Offenkundigkeit und kann darauf **auch nicht ausnahmsweise verzichtet** werden (siehe dazu oben S.86), handelt es sich um ein **Eigengeschäft des "Vertreters"**. Dieser schließt also selbst das Geschäft mit dem Geschäftsgegner ab und muss z.B. den Kaufpreis selbst zahlen und die Sache abnehmen. Allerdings wollte er ja überhaupt kein Geschäft für sich abschließen, sondern nur als Vertreter handeln. Ihm fehlte daher der Rechtsbindungswille. Jedoch kann er sich gem. **§ 164 Abs.2** nicht darauf berufen, er habe gar kein Eigengeschäft tätigen wollen, der fehlende Rechtsbindungswille ist also unbeachtlich. Das Gesetz erachtet den Geschäftsgegner als schutzwürdig, denn dieser musste ja davon ausgehen, dass der "Vertreter" sein Vertragspartner sei.

Für die Fallbearbeitung bedeutet das, dass Sie die Prüfung z.B. des § 433 zwischen Vertretenem und Geschäftsgegner beenden müssen. Sodann hat man neu anzusetzen mit Ansprüchen unmittelbar gegen den "Vertreter" aus § 433 usw.

Dabei ist zu beachten, dass man z.B. bei Minderjährigen zwar im Rahmen des § 164 zu einer nach § 165 wirksamen Willenserklärung gelangt, aber beim Eigengeschäft die ganz normalen Regeln - also nicht § 165 - anzuwenden sind!

Auch die Fälle sog. **mittelbarer Stellvertretung** gehören hierher. Dort handelt jemand im eigenen Namen und lediglich (unaufgedeckt) für fremde Rechnung, z.B. als Kommissionär.

Fall 19:

G bittet V bei D für ihn einen Geschirrspüler zu erwerben. Da das Gerät nicht vorrätig ist, bestellt V dieses für € 800,00 bei D, ohne darauf hinzuweisen, für wen er dieses Geschäft besorgt. Als das Gerät bei D eintrifft, teilt D dies dem V mit, der dies an G weitergibt. G hat mittlerweile aber kein Interesse mehr an einem Geschirrspüler, da er auf Einweggeschirr umgestiegen ist. Dies teilt er D mit. D verlangt dennoch Abnahme und Bezahlung von G und bzw. von V. Zu Recht?

Lösungsvorschlag

D könnte gegen G einen Anspruch auf Abnahme des Geschirrspülers und Bezahlung des Kaufpreises aus § 433 Abs.2 haben.

Dann müsste ein Kaufvertrag wirksam zustande gekommen sein. Der Abschluss eines Kaufvertrages setzt zwei inhaltlich übereinstimmende Willenserklärungen voraus. Dies ist hier insofern fraglich, als G nicht selbst mit D in Kontakt getreten ist, er demnach auch D gegenüber keine Willenserklärung abgegeben hat. Jedoch könnte ihm die Willenserklärung des V zuzurechnen sein, hätte dieser als Stellvertreter des G gem. § 164 ff gehandelt.

Dann müsste V eine eigene Willenserklärung abgegeben haben. Da V den Geschirrspüler "bestellt", ist davon auszugehen, dass die normalerweise zu einem Kauf notwendigen Erklärungen der beteiligten Parteien auch hier erfolgten, seitens des V also eine wirksame Willenserklärung vorliegt.

Weiter müsste V in fremdem Namen aufgetreten sein. Dies ist nach dem Sachverhalt gerade nicht der Fall. Damit lägen die Voraussetzungen der §§ 164 ff nicht vor, es sei denn, man könnte hier ausnahmsweise auf die generell erforderliche Offenkundigkeit verzichten. Das wäre möglich, läge ein sog. "Geschäft an den, den es angeht" vor. Danach kommt das Geschäft ausnahmsweise auch ohne Aufdeckung der Vertreterstellung direkt mit dem Vertretenen zustande, sofern dem Geschäftsgegner die Person seines Vertragspartners völlig gleichgültig ist. Hier handelt es sich jedoch um eine Bestellung, das Geschäft ist also noch nicht vollständig abgewickelt, es besteht somit ein Interesse zu wissen, wer der wirkliche Vertragspartner wird. Also sind die Voraussetzungen für ein "Geschäft an den, den es angeht" nicht gegeben, so dass man hier nicht ausnahmsweise auf die Offenkundigkeit verzichten kann.

Ein unternehmensbezogenes Geschäft ist m.E. nicht anzuprüfen, da dieses nur in Betracht kommt, wenn auf Seiten des Geschäftsinhabers eine Vertretung in Frage steht.

Damit fehlt es an einer Voraussetzung der Stellvertretung, folglich kann die Willenserklärung des V dem G nicht nach § 164 zugerechnet werden. Somit fehlt es an einer Willenserklärung des G und damit an einem Kaufvertragsabschluss zwischen G und D.

D hat somit keinen Anspruch gegen G auf Abnahme des Geschirrspülers und Bezahlung des Kaufpreises aus § 433 Abs.2.

D könnte jedoch gegen V einen Anspruch auf Abnahme des Geschirrspülers und Bezahlung des Kaufpreises aus § 433 Abs.2 haben.

Dann müsste ein Kaufvertrag wirksam zustande gekommen sein. Der Abschluss eines Kaufvertrages setzt zwei inhaltlich übereinstimmende Willenserklärungen voraus. Zwar hat der D eine entsprechende Erklärung gegenüber V abgegeben, fraglich ist jedoch, ob die Erklärung des V eine Willenserklärung beinhaltet.

Eine Willenserklärung setzt objektiv einen entsprechenden Erklärungstatbestand voraus, der hier mit der Äußerung des V gegeben ist.

Subjektiv ist neben dem hier gegebenen Handlungswillen auch der sogenannte Rechtsbindungswille, also der Wille, sich selbst rechtlich durch eine Erklärung binden zu wollen, erforderlich. Im vorliegenden Fall wollte der V jedoch den G vertreten, also für diesen das Geschäft abschließen und damit G, aber nicht sich selbst binden. Damit fehlt ihm dieser Rechtsbindungswille.

Gem. § 164 Abs.2 könnte dieser Willensmangel aber unbeachtlich sein. Diese Vorschrift setzt zunächst voraus, dass der Wille im fremden Namen zu handeln nicht erkennbar hervortritt, also die Offenkundigkeit fehlt. Dies ist, wie oben geprüft, der Fall. Weiter ist ein Mangel des Willens im eigenen Namen zu handeln erforderlich. Dies beschreibt Fälle des fehlenden Willens, sich selbst rechtlich zu binden. Dies ist hier der Fall, s.o. Folglich ist dieser Willensmangel unbeachtlich und die Erklärung des V stellt eine Willenserklärung dar.

§164 Abs.2 regelt also die Frage, ***ob*** eine Willenserklärung **vorliegt**, **nicht** ob eine bestehende Willenserklärung **wirksam** ist!

Damit ist der subjektive Tatbestand der Willenserklärung des V als gegeben zu unterstellen, es liegen somit zwei übereinstimmende Willenserklärungen und damit ein Kaufvertrag vor. Da Hinweise auf Mängel in der Wirksamkeit des Vertrags nicht ersichtlich sind, hat D einen Anspruch gegen V auf Abnahme des Geschirrspülers und Bezahlung des Kaufpreises aus § 433 Abs.2.

D könnte gegen V einen Anspruch auf Abnahme des Geschirrspülers und Bezahlung des Kaufpreises aus § 179 Abs.1 haben.

Zu § 179 und dessen Voraussetzungen siehe den nachfolgenden Text.

Dann müsste V zunächst als Vertreter ohne Vertretungsmacht mit G einen Vertrag abgeschlossen haben. Es müssten also alle Voraussetzungen des § 164 Abs.1 mit Ausnahme der Vertretungsmacht erfüllt sein.

Da die Vertretung durch V jedoch an der fehlenden Offenkundigkeit gescheitert ist (s.o.), fehlt es an einer anderen Voraussetzung des § 164 Abs.1, so dass eine Anwendung des § 179 Abs.1 ausscheidet.

Damit hat D gegen V keinen Anspruch auf Abnahme des Geschirrspülers und Bezahlung des Kaufpreises aus § 179 Abs.1.

§§§§§§§§§§§§§§§§§§§§§§§§§§§§

Fehlende Vertretungsmacht

Fraglich ist noch, welche Folge es nach sich zieht, wenn der **Vertreter ohne Vertretungsmacht** handelt. Dabei werden sowohl Fälle des Handelns ohne jede Vertretungsmacht erfasst, als auch solche in denen der Vertreter die Vollmacht nur teilweise überschreitet, da auch für diesen Fall keine Vertretungsmacht vorliegt. Die **Rechtsfolgen** sind in **§§ 177 ff** geregelt.

§ 177 Abs.1 enthält den Grundsatz, dass derartige Verträge **schwebend unwirksam** sind. Der Geschäftsherr (Vertretene) kann den Vertrag genehmigen oder die Genehmigung verweigern.

Genehmigt er den Vertrag, so entfaltet dieser, wie im Fall voll wirksamer Stellvertretung, seine Wirkung unmittelbar zwischen Vertretenem und Geschäftsgegner.

Verweigert er hingegen die **Genehmigung**, so ist die Vertretung **unwirksam**, der Geschäftsgegner kann keinen Anspruch gegen den Vertretenen geltend machen.

Äußert er sich nicht, so ist die Vertretung (wenn auch nur schwebend) **unwirksam**.

Damit der andere Teil sich Klarheit verschaffen kann, steht ihm gem. § 177 Abs.2 das Recht zu, den Vertretenen zur Genehmigung aufzufordern. Äußert sich daraufhin der Vertretene nicht, gilt nach Ablauf von zwei Wochen die Genehmigung als verweigert (Fiktion!).

Beachten Sie: nach einer Aufforderung kann der Vertretene eine zuvor dem Vertreter gegenüber erklärte oder verweigerte Genehmigung revidieren, also anders entscheiden!

Kommt es danach nicht zu einer Vertragsbeziehung zwischen Vertretenem und Geschäftsgegner, so kann sich der Geschäftsgegner nach **§ 179** nur noch an den Vertreter halten.

> Für die Falllösung bedeutet das, dass die Prüfung des Anspruchs zwischen Vertretenem und Geschäftsgegner zu beenden ist. Es ist sodann neu anzusetzen mit **§ 179 als Anspruchsgrundlage** - allerdings gegen den Vertreter!
>
> **Beachten Sie**: auch ein Anspruch aus einem eventuellen Eigengeschäft des Vertreters mit dem Dritten, z.B. aus § 433, kommt in Betracht und ist zu prüfen. Insofern gibt der Vertreter zwar eine Erklärung ab, diese ist mangels Rechtsbindungswillens keine Willenserklärung des Vertreters im Eigengeschäft. Denn der Vertreter wollte den Vertretenen und nicht sich selbst rechtlich binden. Die Ausnahme des § 164 Abs.2 greift nicht ein, da dieser die fehlende Offenkundigkeit voraussetzt, hier aber die Vertretungsmacht fehlt und nicht die Offenkundigkeit. Dies gilt natürlich nicht, wenn die Offenkundigkeit neben der Vertretungsmacht auch noch fehlt!

Die Voraussetzungen des § 179 Abs.1

1. Vertragsschluss durch den "Vertreter" ohne Vertretungsmacht.
2. Verweigerung der Genehmigung durch den "Vertretenen".
3. Keine Einschränkungen aus § 179 Abs.2 und Abs.3

Rechtsfolge des § 179: **Der Vertreter ohne Vertretungsmacht haftet nach Wahl des Geschäftsgegners auf Erfüllung oder auf Schadensersatz**

Vertragsschluss durch den "Vertreter" ohne Vertretungsmacht bedeutet, dass alle Voraussetzungen des § 164 mit Ausnahme der Vertretungsmacht gegeben sein müssen.

Beachten Sie: Fehlt es an der Willenserklärung oder der Offenkundigkeit, ist § 179 daher **unanwendbar!**

Zu prüfen ist also:

1. der „Vertreter“ (der ja gerade keiner ist!) hatte **keine Vertretungsmacht**. Dies ist meist unproblematisch, da man auf § 179 regelmäßig nach dem Scheitern der Stellvertretung kommt und somit die fehlende Vertretungsmacht zuvor festgestellt hat.

2. **Vertragsschluss** bedeutet, dass der Vertreter in seiner Rolle als Vertreter einen Vertrag geschlossen hätte, wenn er Vertretungsmacht gehabt hätte. Daher gilt es an dieser Stelle festzustellen, ob - die Vertretungsmacht unterstellt - dann ein Vertrag durch ihn als Vertreter zuwege gebracht worden wäre. Käme es danach nicht zu einem Vertrag, zwischen Vertretenem und Drittem (z.B. weil dessen Willenerklärung unwirksam ist), liegt kein Vertragsschluss i.S.d. § 179 vor!

Verweigerung meint die ausdrückliche oder schlüssige Ablehnung oder die nach § 177 Abs.2 S.2 fingierte Verweigerung der Genehmigung.

Achtung: nur **schwebende Unwirksamkeit** i.S.d. § 177 bei bloßem Fehlen einer Genehmigung (ohne dass eine Verweigerung vorliegt) **reicht** hier gerade **nicht** aus.

Einschränkungen können sich aus Abs.2 ergeben. Dieser beschränkt den Umfang der Haftung auf das Erfüllungsinteresse. Abs.3 S.1 schließt die Haftung des Vertreters gänzlich aus, wenn der Geschäftsgegner die fehlende Vertretungsmacht kannte oder fahrlässig nicht kannte.

Nach Abs.3 S.2 wird die Haftung ausgeschlossen, wenn der Vertreter beschränkt geschäftsfähig war. Ausnahme: er haftet doch, wenn die gesetzlichen Vertreter dem Handeln als Vertreter zugestimmt hatten.

Beachten Sie: Vor §§ 177, 179 ist im Rahmen der Vertretungsmacht stets zu prüfen, ob nicht eine Rechtsscheinvollmacht vorliegt, die u. U. das Geschäft deckt!

Fall 20:

V hat von B den Auftrag erhalten, einen Videorecorder bei X zu erwerben. Da V meint, Videogeräte seien überholt und X einen besonders günstigen DVD-Recorder im Sonderangebot hat, greift V kurz entschlossen zu und erwirbt diese Anlage für B. Als er B die Sache mitteilt, ist dieser entsetzt. X verlangt Zahlung von B, der sich jedoch weigert und meint, X solle sich an V halten. Ansprüche des X auf Kaufpreiszahlung gegen V und B?

Lösungsvorschlag

Sie haben erstmals einen Fall, in dem nach den Ansprüchen gegenüber zwei verschiedenen Personen gefragt ist. In derartigen Fällen stellt sich stets das Problem des Aufbaus, nämlich mit welchem der Ansprüche gegen welche Person zu beginnen ist. Dazu gibt es keine starren Regeln! Allein logische Gesichtspunkte sowie die Zweckmäßigkeit der Prüfungsreihenfolge entscheiden hier. So stellt man bei einer gedanklichen Vorprüfung fest, ob es für die Ansprüche gegen V darauf ankommt, ob Ansprüche gegen B bestehen. Begönne man nun mit V, so hätte man eine sehr unschöne Inzidentprüfung (= "Prüfung in der Prüfung") der Ansprüche gegen B durchzuführen. Inzidentprüfungen sollte man unbedingt vermeiden, daher ist es hier geboten, mit den Ansprüchen gegen B zu beginnen.

I. Ansprüche des X gegen B

X könnte gegen B einen Anspruch auf Zahlung des Kaufpreises aus § 433 Abs.2 haben.

Dann müsste ein Kaufvertrag wirksam zustande gekommen sein. Der Abschluss eines Kaufvertrages setzt zwei inhaltlich übereinstimmende Willenserklärungen voraus. Da B jedoch keinen unmittelbaren Kontakt zu X gehabt hat, konnte er diesem gegenüber auch keine Willenserklärung abgeben. Denkbar wäre jedoch eine unmittelbare Verpflichtung des B dann, hätte der V ihn wirksam vertreten. Dazu wäre zunächst eine eigene Willenserklärung des V erforderlich. V "erwirbt" die Anlage. Daher wird man bei lebensnaher Auslegung darunter einen Vorgang zu verstehen haben, der die Abgabe einer Willenserklärung im Rahmen eines Kaufes beinhaltet, so dass diese Voraussetzung erfüllt ist.

Weiter hat V auch "für B" die Anlage erworben, also vermutlich seine Vertreterstellung offenbart. Demnach ist auch die zweite Voraussetzung wirksamer Stellvertretung, die Offenkundigkeit, gegeben.

Schließlich müsste V Vertretungsmacht für dieses Geschäft besessen haben. Er hatte den Auftrag, einen Video-Recorder zu kaufen, insoweit also Vertretungsmacht erhalten. Dies deckt jedoch nicht auch den Erwerb eines DVD-Recorders ab. Folglich lag für das Geschäft mit X keine Vertretungsmacht vor. Hinweise auf die Existenz einer Rechtsscheinvollmacht ergeben sich aus dem Sachverhalt nicht.

Damit hängt die Wirksamkeit des Vertrages gem. § 177 Abs.1 von der Genehmigung durch den Vertretenen, hier B, ab. B hat auf das Zahlungsverlangen des X jedoch mit der Weigerung, die Rechnung zu begleichen, reagiert. Damit hat er zumindest schlüssig die Genehmigung verweigert. Folglich ist ein Vertrag zwischen X und B nicht wirksam zustande gekommen. Somit hat X keine Ansprüche auf Kaufpreiszahlung gegen B aus § 433 Abs.2.

II. Ansprüche des X gegen V

X könnte gegen V einen Anspruch auf Bezahlung des Kaufpreises aus § 179 Abs.1 haben.

Dann müsste V zunächst als Vertreter ohne Vertretungsmacht mit X einen Vertrag abgeschlossen haben. Es müssten also alle Voraussetzungen des § 164 mit Ausnahme der Vertretungsmacht erfüllt sein. Dies ist der Fall, siehe oben. Es wäre damit auch zu einem Vertrag zwischen X und B gekommen, wenn V die erforderliche Vertretungsmacht gehabt hätte.

Weiter müsste die Genehmigung durch den Vertretenen verweigert worden sein. Auch dieses wurde oben bereits bejaht.

Damit liegen die Voraussetzungen für eine Haftung aus § 179 Abs.1 vor. Da V auch um die fehlende Vertretungsmacht wusste, kommt die Haftungsminderung nach § 179 Abs.2 nicht in Betracht. Anhaltspunkte für einen Haftungsausschluss nach § 179 Abs.3 gibt es nicht.

Folglich hat X gegen V einen Anspruch aus § 179 Abs.1 auf Erfüllung, d.h. hier auf Abnahme und Zahlung des Kaufpreises.

§§§§§§§§§§§§§§§§§§§§§§§§§§

Die Fälle des § 181

§ 181 enthält zwei Fälle in denen grundsätzlich eine Vertretung unzulässig ist: das Selbstkontrahieren und die Mehrfachvertretung. Der Grund der Vorschrift liegt in einem möglichen Interessenkonflikt, der in diesen Fällen bestehen kann.

Beim Selbstkontrahieren schließt jemand als Vertreter für einen anderen als einer Vertragspartei mit sich selbst als anderer Vertragspartei einen Vertrag.

Bsp.: *Geschäftsführer G einer GmbH vertritt diese und mietet von sich selbst ein Grundstück. – Da G für beide Seiten die Willenserklärungen abgibt, liegt ein Fall des § 181 vor.*

Bei einer Mehrfachvertretung tritt jemand als Vertreter für beide Vertragsparteien auf.

Bsp.: *Notariatsangestellte N wird bevollmächtigt, für den Käufer und den Verkäufer die Auflassungserklärungen vor dem Notar beim Grundstückserwerb abzugeben.*

Grundsätzlich liegt in beiden Fällen schwebende Unwirksamkeit vor.

Ist das Insichgeschäft jedoch gestattet, ist es voll wirksam.

Bsp.: *Die Parteien befreien N im Bsp. oben von den Beschränkungen des § 181.*

Weiteres Bsp: *Im Gesellschaftsvertrag ist geregelt, dass der Geschäftsführer von den Beschränkungen des § 181 befreit ist.*

Fall 21:

Unternehmer U beauftragt seinen Angestellten A, einen Bohrhammer für ihn bis zum Preis von 300 Euro zu erwerben. A begibt sich zum kleinen Fachgeschäft des G und sucht und eine Maschine aus, die zwar dem entspricht, was U sich vorgestellt hatte, jedoch 310 Euro kostet. Gleichwohl bestellt A die Maschine im Namen des U. Dabei wird A vom Ladenangestellten L des G bedient, der seine Vertreterstellung jedoch gegenüber A nicht offenbart.

Als G drei Tage später dem U eine Kaufbestätigung schickt, teilt U dem G mit, dass er die Maschine weder bestellt habe noch abnehmen oder bezahlen werde.

Hat G Anspruch auf Abnahme und Zahlung des Kaufpreises gegen U oder A?

Lösungsvorschlag

G könnte gegen U einen Anspruch auf Zahlung des Kaufpreises aus § 433 Abs. 2 haben.

Dann müsste ein wirksamer Kaufvertrag zwischen G und U zustande gekommen sein. Dies setzt zwei übereinstimmende Willenserklärungen voraus, die die am Vertrag Beteiligten abgegeben haben müssen. Da hier G und A aber nicht miteinander in Kontakt getreten sind, fehlt es an dieser Voraussetzung.

Ein Vertrag zwischen G und U könnte aber zustande gekommen sein, wenn zunächst dem U die Erklärung des A zuzurechnen wäre. Dann müsste A als Stellvertreter im Sinne der §§ 164 ff gehandelt haben.

Die dazu erforderliche eigene Willenserklärung ist angesichts der Verhandlung des A mit L gegeben. Da A nach dem Sachverhalt die Maschine im Namen des U erwirbt, hat er auch offenkundig gehandelt.

Schließlich ist Vertretungsmacht des A erforderlich. Da A von U beauftragt wurde, einen Bohrhammer zu erwerben, kann von einer Bevollmächtigung ausgegangen werden. Jedoch war dies auf einen Erwerb bis 300 Euro begrenzt. Da A diesen Rahmen überschritten hat, war das hier fragliche Rechtsgeschäft nicht von der durch U erteilten Vollmacht gedeckt. A hat folglich ohne Vertretungsmacht gehandelt.

Damit ist die Vertretung gem. § 177 Abs.1 schwebend unwirksam. Indem U die Abnahme der Maschine verweigert, verweigert er schlüssig die nach § 177 Abs.1 mögliche Genehmigung.

Mangels wirksamer Vertretung kann die Erklärung des A deshalb nicht dem U zugerechnet werden und schon deshalb kommt es nicht zu einem wirksamen Kaufvertrag mit G.

Also hat G keinen Anspruch auf Zahlung des Kaufpreises gegen U aus § 433 Abs.2.

G könnte aber gegen A einen Anspruch auf Zahlung des Kaufpreises aus § 433 Abs. 2 haben.

Dann müsste ein wirksamer Kaufvertrag zwischen G und A zustande gekommen sein. Dies setzt zwei übereinstimmende Willenserklärungen voraus, die die am Vertrag Beteiligten abgegeben haben müssen.

Fraglich ist zunächst, ob A eine eigene Willenserklärung abgegeben hat. Dies ist scheinbar mit der gegenüber L abgegebenen Äußerung der Fall, jedoch wollte der A damit nicht sich selbst, sondern den U verpflichten. Ihm fehlte somit der Wille sich selbst rechtlich zu binden.

Grundsätzlich hindert ein fehlender Rechtsbindungswille die Entstehung einer Willenserklärung. Fraglich ist jedoch, ob hier eine Ausnahme eingreift.

Gem. § 164 Abs.2 kommt der fehlende Rechtsbindungswille (...Mangel des Willens im eigenen Namen zu handeln...) nicht in Betracht, ist also unbeachtlich. Voraussetzung des § 164 Abs.2 ist, dass der andere Teil, hier also A, nicht offenkundig als Vertreter gehandelt hat. A hat jedoch im Namen des U gehandelt, s.o., so dass kein Fall des § 164 Abs.2 vorliegt.

Damit hat A keine Willenserklärung als Vertragspartei abgegeben, ein Vertrag mit G scheidet also bereits deshalb aus. Folglich hat G keinen Anspruch auf Zahlung des Kaufpreises gegen A aus § 433 Abs.2.

G könnte gegen A aber einen Anspruch auf Zahlung des Kaufpreises aus § 179 Abs. 1 haben.

Dann müsste A als Vertreter ohne Vertretungsmacht gehandelt haben. Dies bedeutet, dass er alle Voraussetzungen einer wirksamen Stellvertretung mit Ausnahme der Vertretungsmacht erfüllt haben müsste. Dies ist wie oben dargestellt der Fall.

Schließlich müsste der A als Vertreter einen Vertrag geschlossen haben. Dies bedeutet, dass, seine wirksame Vertretung unterstellt, ein Vertrag mit dem anderen Teil, hier also G zustande gekommen wäre.

Dazu müsste G eine Willenserklärung abgegeben haben. Da G nicht unmittelbar mit U in Kontakt getreten ist, erscheint dies fraglich. Aber es könnte ihm die Erklärung des L zugerechnet werden, wenn L als Vertreter des G gem. § 164 Abs.1 gehandelt hätte.

Die dazu erforderliche eigene Willenserklärung ist angesichts der Verhandlung des L mit A gegeben. Nach dem Sachverhalt hat L nicht im Namen des G gehandelt und auch aus den Umständen (...kleiner Laden) ergibt sich keine schlüssige Offenkundigkeit. Damit fehlt es an der erforderlichen Offenkundigkeit.

Zu prüfen ist aber, ob auf die Offenkundigkeit nicht ausnahmsweise verzichtet werden kann. Das wäre zunächst der Fall, handelte es sich um ein sog. Geschäft an den, den es angeht. Diese Ausnahme soll jedoch nur dann eingreifen, wenn es der dem Vertreter, hier L, gegenüber stehenden Person, hier also A, egal ist, wer tatsächlich der Vertragspartner wird. Da der Kunde aber zumindest wegen evtl. Gewährleistungsansprüche wissen möchte, wer dafür einzustehen hat, dürfte es A nicht egal sein, wer Vertragspartner wird. Daher greift diese Ausnahme vom Offenkundigkeitsprinzip hier nicht ein.

In Betracht käme jedoch als weitere Ausnahme auch ein sog. unternehmensbezogenes Geschäft. Dazu ist erforderlich, dass sich Kunde und Ladenangestellter zumindest stillschweigend darüber einig sind, dass der Vertrag mit Wirkung für und gegen den Inhaber abgeschlossen werden soll. Von einer derartigen Situation kann, mangels gegenteiliger Anhaltspunkte im Sachverhalt, hier ausgegangen werden. Folglich ist hier die Offenkundigkeit ausnahmsweise verzichtbar.

Weiter ist Vertretungsmacht des L erforderlich. Als Ladenangestellter hat L kraft seines Arbeitsvertrages die Aufgabe, Waren zu verkaufen und damit auch die Befugnis, solche Verträge abzuschließen. Daher ist eine entsprechende Vertretungsmacht anzunehmen.

Da die Voraussetzungen des § 164 Abs.1 somit vorliegen, hat L den G wirksam vertreten und seine Erklärung ist dem G zuzurechnen. Da die Erklärungen von G und U auch inhaltlich übereinstimmten, wäre ein Kaufvertrag zwischen U und G wirksam zustande gekommen. A hätte also i.S.d. § 179 Abs.1 einen Vertrag als Vertreter ohne Vertretungsmacht abgeschlossen.

Weiter müsste der Vertretene, hier U, die Genehmigung verweigert haben. Dies wurde oben bereits bejaht.

Da die Einschränkungen und Ausschlüsse der Abs.2 und 3 nicht ersichtlich sind, hat G einen Anspruch auf Erfüllung oder Schadensersatz. Da er die Zahlung des Kaufpreises begehrt, dies als Erfüllung i.S.d. § 179 Abs.1 anzusehen ist, kann G von A die Kaufpreiszahlung aus dieser Norm verlangen.

§§§§§§§§§§§§§§§§

Ermächtigung

Zu unterscheiden von der Bevollmächtigung ist die Ermächtigung. Im Gegensatz zum Vertreter handelt der Ermächtigte im **eigenen Namen**.

Folge: das Rechtsgeschäft kommt in seiner Person zustande!

Geregelt ist die Ermächtigung in § 185. Sie betrifft allerdings nur Verfügungen, also Rechtsgeschäfte, die unmittelbare Wirkung auf die güterrechtliche Zuordnung haben.

> ***Bsp.***: *A übereignet eine dem B gehörende Sache im eigenen Namen an C. A ist nicht Eigentümer, also Nichtberechtigter. Hatte B zuvor dem A erklärt, er könne die Sache übereignen, so lag eine Ermächtigung zur Übereignung durch A vor, dieser hat mithin wirksam das Eigentum auf C übertragen (verfügt), er handelte damit als Berechtigter.*

Klausurmäßige Bedeutung hat § 185 daher vor allem bei der Frage, ob ein Erwerb vom Berechtigten oder Nichtberechtigten vorliegt.

Vgl. dazu JURISTISCHE GRUNDKURSE Band 6, Sachenrecht 1

Wiederholungsfragen zum 5. Kapitel

1. Wie bezeichnet man die an der Stellvertretung Beteiligten?	Vertreter, Vertretener (Geschäftsherr) und Geschäftsgegner oder Dritter
2. Was ist das Wesen (Folge) der Stellvertretung?	Unmittelbare Verpflichtung des Vertretenen
3. Voraussetzung der Stellvertretung?	1. Zulässigkeit der Stellvertretung, 2. eigene Willenserklärung des Vertreters, 3. Handeln in fremdem Namen, 4. Vertretungsmacht
4. Unterschied Vertreter/ Bote?	Vertreter: gibt eigene Willenserklärung ab; Bote: übermittelt fremde Willenserklärung
5. Was ist für Abgrenzung Vertreter/Bote entscheidend?	Das äußere Erscheinungsbild aus Sicht des Erklärungsempfängers
6. Welche Stufe der Geschäftsfähigkeit ist für Vertretung/ Bote nötig?	Vertretung: beschränkte Geschäftsfähigkeit, § 165; Bote: Geschäftsunfähigkeit möglich.
7. Was sagt das Offenkundigkeitsprinzip?	Der Vertreter muss darlegen, dass er für einen anderen handelt
8. Folge fehlender Offenkundigkeit?	Eigengeschäft des "Vertreters"
9. Ausnahmen vom Offenkundigkeitsprinzip?	"Geschäft an den, den es angeht" und "unternehmensbezogenes Geschäft"

10. Was besagen diese Ausnahmen?	Geschäft an den, den es angeht: dem Geschäftsgegner ist Person des Vertragspartners gleichgültig. Folge: ohne Aufdeckung der Vertreterstellung unmittelbare Bindung des Vertretenen. unternehmensbezogenes Geschäft: ohne Aufdeckung der Vertreterstellung des im Laden des Vertretenen Beschäftigten kommt Geschäft mit Inhaber zustande, wenn beide Vertragschließenden für und gegen den Inhaber abschließen wollen.
11. Was entfällt bei diesen Ausnahmen, was muss vorhanden sein?	Offenkundigkeit, alle anderen Voraussetzungen, insbesondere Vertretungsmacht müssen vorliegen.
12. Was sind die Fälle des Handelns unter fremdem Namen?	Namenstäuschung und Identitätstäuschung
13. Wesen der Namenstäuschung?	Dem Geschäftsgegner kommt es allein auf die ihm gegenüberstehende Person an, der Name, den diese trägt, ist ihm gleichgültig.
14. Wesen der Identitätstäuschung?	Der Geschäftsgegner will gerade mit dem Träger dieses Namens abschließen, der Name trägt mithin zur Identifizierung der Vertragspartei bei.
15. Wie werden erteilt: a) Innenvollmacht, b) Außenvollmacht, c) Vollmacht ggü. Geschäftsgegner?	a) Durch Erklärung gegenüber dem Vertreter, b) durch Erklärung gegenüber dem Geschäftsgegner, c) wie b).
16. Worauf ist bei Widerruf der Vollmacht zu achten?	Ob Rechtscheinvollmacht bestehen bleibt.
17. Was ist eine a) Spezialvollmacht b) Generalvollmacht?	a) Sie berechtigt nur zur Vornahme eines ganz bestimmten Geschäftes, b) berechtigt zu allen Handlungen innerhalb eines nicht zu eng umgrenzten Geschäftskreises.
18. Was ist eine Duldungsvollmacht?	Der Vertretene weiß, dass jemand für ihn rechtsgeschäftlich tätig wird, unternimmt jedoch nichts dagegen, obwohl ihm dies möglich und zumutbar wäre.
19. Was ist eine Anscheinsvollmacht?	Jemand hat in zurechenbarer Weise den Anschein gesetzt, er habe einen anderen bevollmächtigt.
20. Was versteht man unter Kollusion?	Einverständliches Zusammenwirken von Vertreter und Geschäftsgegner, um Vertretenen zu schädigen.
21. Was versteht man unter Missbrauch der Vertretungsmacht?	Der Vertreter missbraucht (bewusst – str.) eine tatsächlich bestehende Vertretungsmacht und dies ist für den Geschäftsgegner offenkundig gewesen.
22. Rechtsfolge des § 177?	Schwebende Unwirksamkeit.
23. Folge bei Verweigerung der Genehmigung des Geschäftsherrn in Fällen des § 177?	§ 179: Erfüllung oder Schadensersatz durch Vertreter; keine Bindung des Vertretenen
24. Welches ist der gesetzgeberische Grund des § 181?	Vermeidung von Interessenkonflikten.

6. Kapitel
Die Form des Rechtsgeschäftes

Allgemeine Grundsätze

Grundsätzlich bedürfen Willenserklärungen und Rechtsgeschäfte keiner besonderen Form. Teilweise schreibt das Gesetz aber auch für bestimmte Geschäfte eine bestimmte Form vor (**gesetzliches Formerfordernis**) oder die Parteien vereinbaren eine bestimmte Form (**rechtsgeschäftliches Formerfordernis**).

Die Form kann verschiedene Funktionen erfüllen, z.B. Beweiszwecken dienen, Warnfunktion ausüben bei besonders gewichtigen Geschäften, Aufklärungsfunktionen und Kontrollfunktionen.

Näher dazu Rüthers / Stadler, § 24 Rn 1ff.

Man unterscheidet verschiedene Arten der gesetzlichen Form. Deren Erfordernisse sind in §§ 126 ff geregelt:

1. Schriftform,	§ 126, z.B. bei § 761 (Leibrente), § 766 (Bürgschaft);
2. notarielle Beurkundung,	§ 128, z.B. bei §§ 311 b, 518;
3. öffentliche Beglaubigung,	§ 129, z.B. § 29 GBO;
4. Elektronische Form,	§ 126 a;
5. Textform,	§ 126 b, z.B. §§ 556 b, 559 b.

Schriftform setzt nach § 126 nicht nur Schriftlichkeit, sondern auch die **eigenhändige** (nicht persönliche! – daher ist Vertretung zulässig) **Unterschrift** voraus. Daher genügen weder Fax noch e-mail der gesetzlichen Schriftform, denn das Fax/ die e-mail selbst sind nicht im Original unterschrieben.

Zu den besonderen Fragen wie Blankounterschrift, "Ober"schrift, Sonderfälle der Schriftform siehe Rüthers / Stadler § 24, 12 ff.

Etwas Anderes gilt dagegen bei der rechtsgeschäftlich vereinbarten Schriftform: gemäß § 127 reicht die Übersendung eines solchen Schriftstückes per e-mail oder Fax.

Elektronische Form gem. § 126a kann die vorgeschriebene Schriftform grundsätzlich ersetzen, es sei denn dies ist vom Gesetz ausdrücklich ausgeschossen. Die elektronische Form setzt außer der zumindest schlüssigen Zustimmung des Empfängers zur Verwendung der elektronischen Form (z.B. Angabe seiner e-mail Adresse) auch eine elektronische Signatur nach dem SignaturG voraus. Diese ersetzt die bei Schriftform nötige Unterschrift. Dazu ist jedoch eine sog. qualifizierte Signatur erforderlich, die, um Fälschungen auszuschließen, sehr kompliziert ausgestaltet ist.

Näher zu den diesbezüglichen Anforderungen: Rüthers / Stadler § 24, 16ff.

Textform gem. § 126b lässt anders als §§ 126, 126a auch unterschriftslose Erklärungen genügen. Unter „...andere zu dauerhafter Wiedergabe in Schriftzeichen geeignete Weise..." fallen Dokumente die per e-mail, Computerfax o.ä. versandt werden und am Bildschirm des Empfängers lesbar gemacht oder ausgedruckt werden können.

Bei **notarieller Beurkundung** wird vom Notar eine (meist vorgefertigte) Niederschrift über die Erklärungen der Parteien angefertigt. Der Notar bestätigt damit quasi dass die jeweilige Erklärung inhaltlich der unterzeichnenden Person zugerechnet werden kann. Wie dies zu geschehen hat, ist streng vorgeschrieben, aber nicht im BGB sondern im BeurkundungsG.

Bei **öffentlicher Beglaubigung** wird dagegen nur die Identität des Unterzeichnenden bestätigt, also dass die Unterschrift tatsächlich von der betreffenden Person stammt. Ob auch der Inhalt der Person zugerechnet werden kann, wird nicht bestätigt.

Nach § 127a steht der **gerichtliche Vergleich** einer notariellen Beurkundung gleich.

Die **rechtsgeschäftliche** (gewillkürte) **Form** ist im Gesetz nicht ausdrücklich geregelt, aber aus §§ 125 S.2 und 126 Abs.3 und 4 ergibt sich, dass sie vereinbart werden kann, soweit das Gesetz nicht zwingend eine Form vorschreibt. Sie ist für Fälle der §§ 126a, 126b und 126 in § 127 geregelt. Es steht den Parteien aber frei, auch eine der anderen Formen zu vereinbaren. Praktisch häufigster Fall ist die gewillkürte Schriftform.

Rechtsfolge von Formverstößen

Bei Verstößen gegen die **gesetzlich vorgeschriebene Form** ist gem. § 125 S.1 grundsätzlich Nichtigkeit die Folge.

Beachten Sie: Ausnahmsweise können formnichtige Geschäfte durch Erfüllung geheilt werden, z.B. §§ 311b Abs.1 S.2, 518 Abs.2, 766 S.3. Daraus folgt aber **kein allgemeiner Grundsatz**, dass Erfüllung die Formnichtigkeit heilt!

Bei Verstößen gegen die gewillkürte Form ist das Rechtsgeschäft nur "im Zweifel" nichtig, § 125 S.2. Es bedarf mithin der eingehenden Prüfung im Einzelfall, ob sich aus den Umständen nicht ergibt, dass das Geschäft wirksam ist.

Merken Sie: Häufig finden sich in Verträgen sog. Schriftformklauseln, wonach Änderungen etc. der Schriftform bedürfen (einfache Schriftformklausel). Erfolgt nun lediglich eine mündliche Absprache, so ist dennoch § 125 S.2 nicht stets einschlägig, da durch die mündliche Abrede auch die Schriftformklausel konkludent abbedungen sein kann - Auslegungsfrage - prüfen! Siehe dazu näher: Rüthers/Stadler § 24 Rn 34.

Str. ist die Wirksamkeit sog. qualifizierter Schriftformklauseln (auch die Änderung der Schriftformklausel bedarf der Schriftform).

Dazu Diehn, Streitstände *Kompakt*, Bd.3, Streitstand 14.

Fall 22:
K bestellt telefonisch bei V eine Schrankwand und vereinbart, dass die Bezahlung in 10 Raten a 300 Euro erfolgen soll. Kurz darauf reut es K, soviel Geld für neue Möbel auszugeben, er ruft V an und teilt ihm mit, er wolle die Schränke nicht mehr haben. Der sagt nur, "bestellt sei bestellt" und verlangt Abnahme. Zu Recht?

Lösungsvorschlag

V könnte einen Anspruch auf Abnahme der Möbel gegen K aus § 433 Abs.2 haben.

Dann müsste ein Kaufvertrag wirksam zustande gekommen sein. Der Abschluss eines Kaufvertrages setzt zwei sich inhaltlich deckende Willenserklärungen voraus. Aus dem Sachverhalt ergibt sich, dass V und K eine Vereinbarung über die Bezahlung getroffen haben. Daraus lässt sich entnehmen, dass sie sich vermutlich zuvor darüber geeinigt haben, dass K jene Möbel erwerben wolle. Mithin kann bei lebensnaher Sachverhaltsauslegung von einer Einigung hinsichtlich eines Kaufvertrages ausgegangen werden.

Fraglich ist aber, ob diese Einigung auch wirksam ist. Das wäre nicht der Fall, stünde dem gem. § 125 ein Formmangel entgegen, der sich aus § 501 i.V.m. 492 Abs.1 S.1 ergeben könnte.

Dann müsste es sich um ein Teilzahlungsgeschäft *(Abzahlungsgeschäft)* handeln. Teilzahlungsgeschäfte *(Abzahlungsgeschäfte)* sind solche, bei denen die Leistung des Käufers (Kaufpreis) in mindestens zwei Teilen nach Übergabe der Sache erbracht werden soll. Da K und V zehn Raten vereinbart haben, ist diese Voraussetzung erfüllt. Da der Gesamtpreis auch über 200 Euro liegt, greift die Ausschlussvorschrift des § 491 Abs.2 Nr.1 i.V.m. § 499 Abs.3 nicht ein. Folglich handelt es sich um ein Teilzahlungsgeschäft auf das § 492 Abs.1 S.1 anzuwenden ist.

§ 492 Abs.1 S.1 verlangt sodann, dass die Willenserklärung des Verbrauchers *(Käufers),* also hier des K, in schriftlicher Form erfolgt ist. Da K und V nur telefonierten und eine eventuell nachfolgende schriftliche Erklärung dem Sachverhalt nicht zu entnehmen ist, fehlt es an der Schriftform. Diese ist durch Gesetz, § 492 Abs.1 S.1, aber zwingend vorgeschrieben.

Da eine Heilung des Formmangels gem. 502 Abs.3 S.2 mangels Übergabe der Sache nicht erfolgte, ist der Vertrag gem. § 502 Abs.3 S.1 nichtig. Ein Kaufvertrag ist mithin nicht wirksam zustande gekommen.

Auf die Fragen des Verbraucherschutzrechts, z.B. ob K mündlich wirksam widerrufen konnte, kommt es hier also gar nicht an. Sie zu erörtern wäre falsch!

Das Verbraucherschutzrecht des Schuldrechts wird als Sonderbestimmung zum Kaufrecht im Schuldrecht BT näher behandelt.

Beachten Sie: § 502 Abs.3 S.1 verdrängt als Spezialnorm den an sich eingreifenden § 125 S.1!

Folglich hat V keinen Anspruch auf Abnahme gegen K aus § 433 Abs.2.

§§§§§§§§§§§§§§§§§§§§§§§§§§

Wiederholungsfragen zum 6. Kapitel

1. Welche Form für Rechtsgeschäfte gibt es?	Schriftform, notarielle Beurkundung, öffentliche Beglaubigung, Textform, elektronische Form.
2. Folge von Verstößen gegen gesetzliche Formerfordernisse?	Nichtigkeit, § 125 S.1.
3. Ist die Schriftform durch Fax oder E-mail gewahrt? Begründung?	Grds. nein, da es an der Unterschrift fehlt
4. Wie kann die Unterschrift bei einer E-mail aber erfolgen?	Durch elektronische Signatur
5. Welche Art der Signatur ist für den Ersatz der Schriftform durch elektronische Form erforderlich?	Qualifizierte elektronische Signatur
6. Wo ist das näher geregelt?	Im Signaturgesetz
7. Was ist bei Formnichtigkeit möglich?	Heilung des Mangels.
8. Beispiele für Heilung?	§ 311 b Abs.1 S.2; § 503 Abs.3

7. Kapitel

Die Unwirksamkeit des Rechtsgeschäfts nach §§ 134, 138, 139

Verstoß gegen ein Verbotsgesetz, § 134

Voraussetzungen des § 134

1. Es muss ein Verbotsgesetz vorliegen;
2. gegen dieses Gesetz wird verstoßen;
3. der Verstoß muss im konkreten Einzelfall zur Nichtigkeit führen;
4. aus dem Gesetz ergibt sich nichts Gegenteiliges.

Rechtsfolge des § 134

Nichtigkeit des Geschäftes

Ein **Verbotsgesetz** ist eine Norm, die sich gegen den Inhalt des jeweiligen Rechtsgeschäftes richtet.

***Bsp.**: § 259 StGB; § 284 Abs.1 StGB; § 334 Abs.1 StGB.*

Daher fallen bloße Ordnungsvorschriften nicht unter § 134, weil sie sich nur auf die Form oder Art, nicht aber auf den Inhalt des Geschäftes beziehen.

***Bsp.**: Ladenschlussgesetz*

Ob ein Verbotsgesetz vorliegt, ist durch Auslegung der Norm zu prüfen. Dabei muss der gesetzgeberische Zweck, mit dem die Norm erlassen wurde, besondere Berücksichtigung finden.

§ 134 erfasst auch **Umgehungsgeschäfte**, wenn durch diese der gesetzgeberische Zweck sonst unterlaufen würde. Das ist dann der Fall, wenn die Parteien eine bestimmte rechtliche Gestaltungsform wählen, die für sich betrachtet zulässig ist, jedoch im konkreten Zusammenhang als "Ersatz" für ein an sich verbotenes Geschäft steht.

Sittenwidrige Rechtsgeschäfte gem. § 138

§ 138 beschreibt in Abs.2 den **Wucher** als speziellen Fall der Sittenwidrigkeit und enthält in Abs.1 eine **allgemeine Generalklausel**.

Zur systematischen Stellung des § 138 ("Einbruchstelle der Grundrechte in das BGB") sowie dem allgemeinen Hintergrund und zu der Dogmatik der Vorschrift lesen Sie: Rüthers / Stadler, § 26, Rn 27ff.

Voraussetzungen des § 138 Abs.1

Voraussetzung des Abs.1 ist ein **Verstoß gegen die guten Sitten**. Diese Sittenwidrigkeit soll vorliegen, wenn ein Verstoß gegen das Anstandsgefühl aller billig und gerecht Denkenden gegeben ist. Diese Leerformel bedarf freilich der inhaltlichen Präzisierung.

Objektiv muss das Rechtsgeschäft gegen die sittliche Durchschnittsauffassung der Rechtsgemeinschaft verstoßen. Dieser Verstoß ist unter Berücksichtigung aller Umstände, die das Rechtsgeschäft betreffen, zu ermitteln.

Subjektiv ist zwar kein Bewusstsein der Sittenwidrigkeit zu verlangen, aber der Handelnde muss die Tatumstände kennen, die die Sittenwidrigkeit ausmachen.

Besondere **Fallgruppen der Sittenwidrigkeit** sind u.a.:

1. Ausnutzung von Macht- und Monopolstellungen

   ***Bsp.**: Stromversorgungsunternehmen; Apotheken etc.*

2. Knebelungsverträge - Das sind Verträge, bei denen die wirtschaftliche Bewegungsfreiheit unangemessen beeinträchtigt wird.

   ***Bsp.**: übermäßig lang bindende Dauerbezugsverträge (z.B. Vertrag eines Gastwirts mit einer Brauerei über den Bierbezug von mehr als 20 Jahren).*

3. Verleiten zum Vertragsbruch

   Vgl. dazu Rüthers / Stadler, § 26 Rn 39.

4. Schmiergelder an Mitarbeiter des Geschäftsgegners, um so günstige Vertragsgestaltungen zu erreichen;

5. Gläubigergefährdung, z.B. durch Übersicherung,

   Vgl. BGHZ 19, 12 (17 f).

Zu den früher ebenfalls hierher zählenden Bordellverträgen, Telefonsexverträgen usw. (also der einst klassische Bereich der Sittenwidrigkeit) und den Änderungen durch die die Prostitution legalisierende Gesetzgebung: Rolf Schmidt BGB-AT, Rn 1242.

Voraussetzungen des § 138 Abs.2

1. **Objektiv** muss ein **auffälliges Missverhältnis zwischen Leistung und Gegenleistung** bestehen. Dabei kommt es auf den objektiven Wert der Leistung bei Vertragsabschluss an und nur wirklich sehr krasse Missverhältnisse erfüllen den Tatbestand.

2. **Subjektiv** ist die **bewusste Ausbeutung einer Zwangslage, eines Mangels an Urteilsvermögen oder erhebliche Willensschwäche** Voraussetzung.

Rechtsfolge der Sittenwidrigkeit

Nichtigkeit des gesamten Rechtsgeschäftes

Beachten Sie: Die Sittenwidrigkeit erstreckt sich wegen des Abstraktionsprinzips nicht auch auf das dingliche Erfüllungsgeschäft (z. B. die Übereignung), denn regelmäßig ist dieses wertneutral. Verstößt einmal ausnahmsweise gerade auch die Änderung der dinglichen Rechtslage gegen die guten Sitten, so kann auch insoweit § 138 Abs. 1 eingreifen (dies soll stets bei sittenwidrigen Kreditsicherungsgeschäften der Fall sein).

Nach dem Wortlaut der Vorschrift führt § 138 Abs.2 zur Nichtigkeit nicht nur des Verpflichtungsgeschäftes, sondern auch zur Nichtigkeit des Erfüllungsgeschäftes des Bewucherten! Allein rechtlichen Bestand hat die Leistung des Wucherers.

Fall 23:

S ist auf der nächtlichen Landstraße mit seinem Auto liegen geblieben, weil das Benzin verbraucht war. W, der vorbeikommt, bietet dem S, der einen wichtigen Termin hat, den Erwerb von fünf Litern Treibstoff zu 100,00 Euro an. Da S keine andere Möglichkeit sieht, den Termin zu wahren, geht er auf das Angebot des W, der die Zwangslage kannte, ein. Nun kommt Jurastudent J vorbei und gibt S einen Fünfliterkanister Benzin. W verlangt Abnahme des Benzins und Zahlung von 100,00 Euro von S. Zu Recht?

Lösungsvorschlag

W könnte gegen S einen Anspruch auf Zahlung des Kaufpreises in Höhe von 100 Euro aus § 433 Abs.2 haben.

Dann müsste ein Kaufvertrag wirksam zustande gekommen sein. Der Abschluss eines Kaufvertrages setzt zwei inhaltlich übereinstimmende Willenserklärungen voraus.

Da S auf das Angebot zum Erwerb des Treibstoffs seitens des W eingegangen ist, liegen diese Voraussetzungen vor. Fraglich ist aber, ob der Vertrag nach § 138 Abs.2 nichtig ist.

§ 138 Abs.2 setzt zunächst ein auffälliges Missverhältnis von Leistung und Gegenleistung voraus. Fünf Liter Treibstoff kosten normalerweise 6,50 bis 7,50 Euro. Zu den verlangten 100,00 Euro besteht somit ein derartiges, auffälliges Missverhältnis.

In subjektiver Hinsicht ist die bewusste Ausbeutung einer Zwangslage notwendig. Angesichts des wichtigen Termins befand sich S in einer Lage, die ihm keine wirkliche Wahl beließ. Folglich existierte eine Zwangslage. Dies hatte W auch erkannt und bewusst ausgenutzt.

Somit liegen die Voraussetzungen des § 138 Abs.2 vor. Also ist der Vertrag nach § 138 Abs.2 nichtig. Folglich hat W keinen Anspruch gegen S auf Abnahme des Benzins und Zahlung der 100,00 Euro aus § 433 Abs.2.

§§§§§§§§§§§§§§§§§§§§§§§

Beachten Sie: Liegen die Voraussetzungen des § 138 Abs.2 nicht vor, so ist zu prüfen, ob das Rechtsgeschäft nach § 138 Abs.1 sittenwidrig ist.

Weitere Fälle der Nichtigkeit

Nichtigkeit besagt, dass eine Willenserklärung oder ein Rechtsgeschäft in juristischer Hinsicht so behandelt wird, als sei es nie existent gewesen. Die einmal eingetretene Nichtigkeit kann nicht etwa durch eine Erklärung oder ähnliches wieder beseitigt werden. Eine solche Bestätigung wirkt gem. § 141 als neuerlicher Abschluss des Rechtsgeschäftes.

Nichtigkeit gem. § 116 tritt nach dessen Satz 2 nur ein, wenn der Geschäftsgegner, demgegenüber die Erklärung abzugeben war (empfangsbedürftige Willenserklärung!) erkannt hat, dass der andere Teil nicht das erklären will, was objektiv zum Ausdruck gebrachter Inhalt der Erklärung war. Demgegenüber ist der Erklärungsgegner zu schützen, wenn ihm diese Kenntnis fehlt. Daher bestimmt § 116 S.1, dass in diesen Fällen des geheimen Vorbehaltes die Willenserklärung nicht nichtig ist.

Ein **nichtiges Scheingeschäft** nach **§ 117 Abs.1** setzt voraus, dass der äußere Anschein eines vollgültigen Rechtsgeschäftes erweckt wird, jedoch der eine Erklärende den äußeren Tatbestand nur zum Schein hervorruft. Dies muss mit dem Einverständnis des Erklärungsempfängers geschehen. Es müssen also alle unmittelbar am Rechtsgeschäft Beteiligten den Scheincharakter der Erklärung kennen und billigen.

Ergänzend dazu normiert **§ 117 Abs.2** eine Bindung der Parteien an das einverständlich in Wahrheit gewollte Rechtsgeschäft.

Fall 24:
A will von B ein Grundstück erwerben. Beide einigen sich auf einen Kaufpreis von 200.000,00 Euro. Um Grunderwerbsteuer zu sparen, lassen sie beim Notar als Kaufpreis nur 100.000,00 Euro beurkunden. B ist nicht wenig erstaunt, als A, der es sich nun anders überlegt hat, bald darauf nur 100.000,00 Euro überweist. Hat B Anspruch auf Zahlung von 200.000,00 Euro?

Lösungsvorschlag

B könnte einen Anspruch auf Zahlung des Kaufpreises in Höhe von 200.000,00 Euro aus § 433 Abs.2 gegen A haben.

Dann müsste ein Kaufvertrag wirksam zustande gekommen sein. Der Abschluss eines Kaufvertrages setzt zwei inhaltlich übereinstimmende Willenserklärungen voraus. Angesichts der Beurkundung beim Notar haben sich A und B scheinbar über 100.000,00 Euro geeinigt. Fraglich ist, ob die Willenserklärung, mit dem Inhalt 100.000,00 Euro angesichts des § 117 Abs.1 wirksam ist. Dann müsste zunächst der Anschein eines vollgültigen Rechtsgeschäfts erweckt werden. Da zwei sich deckende Willenserklärungen zum Abschluss des Grundstückskaufvertrages, die auch notariell beurkundet wurden, § 311b Abs.1, gegeben sind, liegt die erste Voraussetzung des § 117 Abs.1 vor.

Da die Parteien tatsächlich zu dieser Zeit von 200.000,00 Euro als Kaufpreis ausgingen, wurden diese Erklärungen auch nur zum Schein abgegeben. Folglich sind die Willenserklärungen über 100.000,00 Euro gem. § 117 Abs.1 nichtig.

Da § 117 Abs.2 aber regelt, dass in Fällen des § 117 Abs.1 die Parteien grundsätzlich das wirklich Gewollte gelten lassen müssen, ist fraglich, ob dann nicht ein Vertrag über 200.000,00 Euro wirksam zustande kam. Dies wäre danach der Fall, es sei denn, es stünde der Wirksamkeit ein weiterer Mangel entgegen. Ein solcher könnte sich aus § 311 b Abs.1 ergeben. Danach sind Grundstückskaufverträge stets notariell zu beurkunden. Der Vertrag über 200.000,00 Euro ist hier aber gerade nicht beurkundet worden. Somit ist der Grundstückskaufvertrag gem. § 311 b Abs.1 nichtig. Damit ist kein Vertrag zwischen A und B wirksam zustande gekommen.

Folglich hat B keinen Anspruch auf Zahlung der 200.000,- Euro gegen A aus § 433 Abs.2.

Allerdings kann der Mangel gem. § 311 b Abs.1 S.2 durch Auflassung und Eintragung ins Grundbuch geheilt werden, wodurch der Vertrag mit 200.000,00 Euro! Wirksamkeit erlangen würde.

§§§§§§§§§§§§§§§§§§§§§§

Nichtig ist schließlich auch die sog. **Scherzerklärung gem. § 118.**

Voraussetzungen des § 118:

1. der Erklärungsempfänger meint, es handele sich um eine ernsthafte Willenserklärung
2. der Erklärende hat die Willenserklärung nicht ernst gemeint
3. der Erklärende war der Auffassung, die fehlende Ernstlichkeit werde vom Erklärungsempfänger erkannt werden.

Beachten Sie: § 118 löst - anders als §§ 117 Abs.1 und 116 S.2 - die Schadensersatzfolge des § 122 aus!

Teilnichtigkeit gem. § 139

Die Teilnichtigkeit nach § 139 regelt Fälle, in denen ein Rechtsgeschäft teilweise nichtig ist im Hinblick auf das Schicksal des gesamten Rechtsgeschäftes.

Voraussetzungen des § 139

1. Es muss ein **einheitliches Rechtsgeschäft** vorliegen. Dies ist anhand der Art des Geschäftes, der Parteivereinbarung und gesetzlicher Vorschriften durch Auslegung in jedem Einzelfall stets zu ermitteln. Besondere Berücksichtigung soll dabei der wirtschaftliche Zusammenhang der einzelnen Geschäftsteile finden.

Merken Sie: Grundsätzlich stellen Verpflichtungs- und Verfügungsgeschäfte keine Geschäftseinheit dar (Abstraktionsprinzip!); Ausnahme: Die Parteien haben etwas anderes vereinbart.

2. Das **Rechtsgeschäft** ist **nicht teilbar**. Anhand des hypothetischen Parteiwillens ist zu ermitteln, ob der nichtige Teil des Rechtsgeschäfts von den Parteien auch allein gewollt wäre.

Rechtsfolge: "im Zweifel" Nichtigkeit des gesamten Rechtsgeschäfts. Die gesetzliche Vermutung "im Zweifel" besagt, dass man anhand gesetzlicher Vorschriften, des Parteiwillens etc. auch zu der Überzeugung gelangen kann, dass im speziellen Einzelfall die Rechtsfolge auch einmal nicht eingreifen muss. Dies wird vor allem dann angenommen, wenn das Rechtsgeschäft bereits voll abgewickelt ist!

Wiederholungsfragen zum 7. Kapitel

1. Wogegen muss sich das Verbotsgesetz i.S.d. § 134 richten?	Gegen den Inhalt des Rechtsgeschäfts, bloße Ordnungsvorschriften werden nicht erfasst.
2. Wie ist das Verhältnis des Abs. 1 und des Abs.2 des § 138 zueinander?	§ 138 Abs.2 ist spezieller, Abs.1 ist die Grundnorm.
3. Was ist für Sittenwidrigkeit objektiv erforderlich?	Verstoß gegen das Anstandsgefühl aller billig und gerecht Denkenden.
4. Was ist subjektiv für § 138 erforderlich?	Kenntnis der Tatumstände, die die Sittenwidrigkeit begründen.
5. Welche Auswirkung hat das Abstraktionsprinzip in § 138 Abs.1?	Sittenwidrigkeit des schuldrechtlichen lässt die sachenrechtlichen Geschäfte unberührt.
6. Was setzt § 138 Abs.2 objektiv voraus?	Krasses Missverhältnis von Leistung und Gegenleistung.
7. Was setzt § 138 Abs.2 subjektiv voraus?	Bewusste Ausbeutung einer Zwangslage, eines Mangels an Urteilsvermögen oder erheblicher Willensschwäche
8. Folge des § 138 Abs.2?	Nichtigkeit des Verpflichtungsgeschäftes und des Erfüllungsgeschäftes des Bewucherten.
9. Voraussetzungen des § 139?	1. Einheitliches Rechtsgeschäft, 2. Rechtsgeschäft ist nicht teilbar.

8. Kapitel
Bedingung, Befristung, Betagung, Stundung

Definition der Bedingung

Eine Bedingung ist ein

zukünftiges ungewisses Ereignis,
von dem die Wirksamkeit eines Rechtsgeschäftes
abhängig gemacht wird

Man unterscheidet aufschiebende, § 158 Abs.1, und auflösende, § 158 Abs.2, Bedingungen.

Bei **aufschiebenden Bedingungen** wird das Rechtsgeschäft mit Eintritt der Bedingung wirksam.

Bei **auflösenden Bedingungen** verliert das Rechtsgeschäft mit Bedingungseintritt seine Wirkung.

Damit man von einer Bedingung i.S.d. § 158 sprechen kann (echte Bedingung), muss das zukünftige Ereignis **objektiv ungewiss** sein. Steht es bereits objektiv fest, die Parteien kennen das Ergebnis aber noch nicht, so liegt kein Fall des § 158 vor! Steht es im Belieben einer Partei, die Bedingungen herbeizuführen, so spricht man von Potestativbedingungen. Diese fallen auch unter § 158, sofern eine Auslegung ergibt, dass eine rechtliche Bindung der Parteien tatsächlich vorlag. Gesetzlich geregeltes Beispiel dafür ist die Bedingung der vollständigen Kaufpreiszahlung beim Eigentumsvorbehalt, die allein vom Willen und Einfluss des Käufers abhängt, siehe § 449.

Keine Bedingungen i.S.d. § 158 sind hingegen **Rechtsbedingungen**, also solche Umstände, die gesetzlich erforderlich sind, um die Rechtsfolgen herbeizuführen.

Bedingungen sind **nicht** immer und **bei allen Rechtsgeschäften** zulässig. Einmal sind alle einseitigen, gestaltenden Rechtsgeschäfte bedingungsfeindlich, darüber hinaus z. B. die in §§ 13 EheG, 925 Abs.2 (wichtig!) geregelten Fälle.

Zur weiteren Wirkung der Bedingungen, insbesondere im Hinblick auf Verfügungen während der Schwebezeit lesen Sie: Rüthers / Stadler, § 20 Rn 18ff.

Definition der Befristung

Eine Befristung ist ein gewiss eintretendes zukünftiges Ereignis, von dem die Wirksamkeit des Rechtsgeschäftes abhängen soll, § 163

Betagung, Stundung

Als **Betagung** bezeichnet man demgegenüber Fälle, in denen lediglich der **Fälligkeitszeitpunkt hinausgeschoben** wird. Im Gegensatz zur Befristung wird hier der Vertrag sofort wirksam, lediglich die Leistung kann noch nicht verlangt werden.

Der Begriff **Stundung** hat im BGB zweierlei Bedeutung:

Einmal kommt ihm die Bedeutung zu, dass die Parteien vereinbart haben, eine fällige Forderung noch nicht geltend machen zu wollen.

Andererseits kann, wie bei der Betagung, eine Fälligkeitsvereinbarung dahinterstehen.

Wiederholungsfragen zum 8. Kapitel

1. Definition der Bedingung?	Zukünftiges ungewisses Ereignis, von dem die Wirksamkeit eines Rechtsgeschäfts abhängt.
2. Wo ist die Bedingung geregelt?	§ 158
3. Wie ist bei Bedingungen zu unterscheiden?	Aufschiebende/auflösende Bedingungen
4. Was ist eine aufschiebende, was ist eine auflösende Bedingung?	Aufschiebende Bedingung: Rechtsgeschäft wird mit Eintritt der Bedingung wirksam; auflösende Bedingung: Rechtsgeschäft verliert mit Bedingungseintritt seine Wirkung.
5. Definition der Befristung?	Gewiss eintretendes zukünftiges Ereignis, von dem die Wirksamkeit des Rechtsgeschäfts abhängt.
6. Was beschreibt die Betagung?	Fälle, in denen lediglich der Fälligkeitszeitpunkt hinausgeschoben wurde.
7. Was fällt nicht unter die Bedingung i.S.d. § 158?	Rechtsbedingungen

9. Kapitel
Die Anfechtung

Allgemeines zur Anfechtung

Die Anfechtung ist nicht zusammengefasst im Gesetz geregelt, sondern es finden sich Anfechtungsregeln an verschiedensten Stellen im BGB, z.B. in §§ 119 f, 123, 2078, 2080 sowie in anderen Gesetzen (Anfechtungsgesetz). Im Folgenden werden nur die im AT des BGB geregelten Fälle der §§ 119, 120, 123 besprochen.

In der Fallbearbeitung kommt man zu Anfechtungsfragen stets erst dann, wenn man zuvor festgestellt hat, dass das Rechtsgeschäft überhaupt wirksam zustande gekommen ist. Sodann prüft man die Gründe, aus denen die Ansprüche eventuell wieder erloschen sein könnten. An dieser Stelle im Fallaufbau ist die Anfechtung zu prüfen!

Hinweis: Z.T. wird die Anfechtung – angesichts der Rechtswirkung (*...von Beginn an nichtig...*) - auch bei der Entstehung des Anspruchs als Nichtigkeitsgrund geprüft

Bevor man zur Anfechtung gelangt, sollte man stets prüfen, ob nicht sachgerechte Auslegung das Problem zu lösen, insbesondere den Parteien den gewünschten Rechtserfolg zu vermitteln vermag. Häufig sind andere Gestaltungen, die den Vertrag als solchen u.U. bestehen lassen, für den Anfechtenden günstiger. Gegebenenfalls ist festzustellen, was der Erklärende wirklich wollte, was er objektiv tatsächlich erklärt hat und wie der Erklärungsempfänger das Erklärte verstehen durfte. Auf dieser Grundlage sind dann die Voraussetzungen der Anfechtung zu prüfen.

Außerdem ist zu erörtern, ob die Anfechtung eventuell durch **speziellere Regelungen verdrängt** wird (z.B. durch Rücktritt im Gewährleistungsrecht, vgl. Band 5, SchR BT 2)

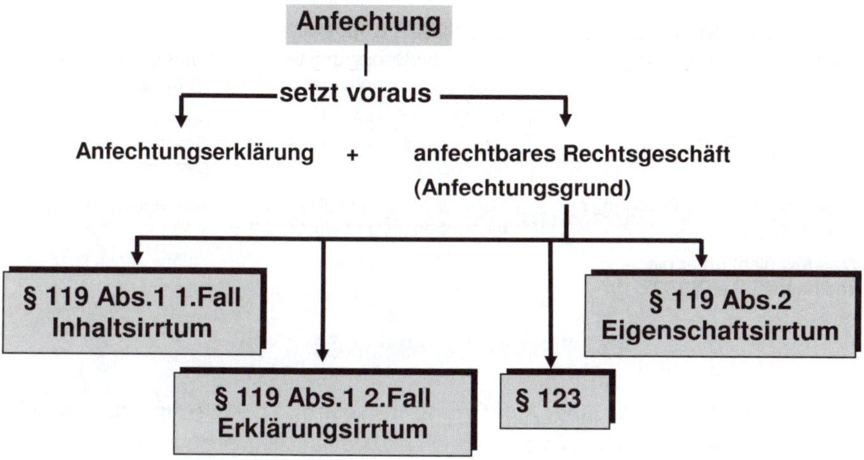

Voraussetzungen der Anfechtung

Gegenstand der Anfechtung sind Willenserklärungen, aber auch geschäftsähnliche Handlungen, ggf. Schweigen – soweit es Erklärungswert aufweist -, nicht aber Realakte.

Nach § 142 ist **Voraussetzung** für eine Anfechtung ein **anfechtbares Rechtsgeschäft**. Da dieses jedoch das Bestehen eines Anfechtungsgrundes voraussetzt, ergeben sich dadurch letztendlich immer nur folgende Voraussetzungen

1. Anfechtungserklärung
2. Anfechtungsgrund
3. Anfechtungsfrist

Es muss zunächst eine **Anfechtungserklärung** gegenüber dem Anfechtungsgegner vorliegen, § 143 Abs.1. Dazu genügt jede ausdrückliche oder schlüssige Willenserklärung, aus der hervorgeht, dass die Beseitigung des Gesamtgeschäftes gewollt ist (Auslegungsfrage, problematisch ist oft die Abgrenzung zu ähnlichen Instituten, wie z.B. dem Rücktritt).

Weiter muss ein **Anfechtungsgrund** vorliegen. Anfechtungsgründe sind im Allgemeinen Teil des BGB in §§ 119, 120, 123 geregelt.

Gem. § 142 ist ein angefochtenes Rechtsgeschäft **nichtig**. Dabei tritt die Nichtigkeit "ex tunc" ein, d.h. man behandelt das Geschäft so, als habe es von Beginn nicht existiert.

Beachten Sie: Solange keine Anfechtung erfolgt ist (Erklärung!), ist das Rechtsgeschäft voll wirksam!

Wird ausnahmsweise das **Verfügungsgeschäft angefochten**, so ist auch dieses von Beginn an nichtig. Hat zwischenzeitlich der Erwerber die Sache an einen Dritten weiter veräußert, liegt angesichts der Rückwirkung der Anfechtung beim Dritten ein Erwerb vom Nichtberechtigten vor. Für die Frage der Gutgläubigkeit des Erwerbers ist dabei § 142 Abs.2 zu beachten.

Rechtsfolgen der Anfechtung

Primäre Rechtsfolge ist die

Nichtigkeit von Beginn an

Weitere (sekundäre) Folge einer Anfechtung nach den §§ 119, 120 (**nicht nach § 123!**) ist der **Schadensersatzanspruch** des redlichen Erklärungsgegners gem. § 122.

Voraussetzungen des § 122

1. Anfechtung gem. §§ 119, 120 oder Fall des § 118
2. Kausaler Schaden

Beachten Sie: Der Anfechtungsberechtigte haftet danach **ohne Verschulden**!

Außerdem greift § 122 auch in Fällen der Nichtigkeit nach § 118 ein.

Ausschlussfristen bei der Anfechtung

Die Ausschlussfristen sind **keine Verjährungsfristen**, da die Anfechtung kein Anspruch ist! Sie beträgt gem. § 124 Abs.1 ein Jahr bei § 123. Dagegen muss man in den Fällen des § 119 nach § 121 Abs.1 unverzüglich anfechten.

Die Anfechtung nach § 119 Abs.1, 1.Fall

Voraussetzungen des § 119 Abs.1, 1.Fall

1. Vorliegen eines Inhaltsirrtums
2. Kausalität Irrtum/Abgabe der Erklärung

Zunächst bedarf es eines Irrtums.

Ein Irrtum liegt vor, wenn objektiv Erklärtes und subjektiv Gewolltes auseinanderfallen

Keinen Irrtum enthält deshalb die falsa demonstratio. Da dort beide Parteien die Erklärung des anderen jeweils richtig verstehen und sich dieses auch mit dem eigenen Willen deckt, kommt es dort nicht zur Inkongruenz von Wille und Erklärung. Auch Fälle des Dissenses sind keine Fälle des Irrtums. Dort liegt nämlich die Inkongruenz zweier Willenserklärungen vor.

§ 119 Abs.1, 1.Fall (auch *1.Alt.* genannt) enthält den sog. **Inhaltsirrtum**, bei dem sich der Erklärende über die inhaltliche Bedeutung seiner Erklärung irrt. Es geht um Fälle, in denen der Erklärende zwar genau jene Worte etc. zu seiner Erklärung benutzen will, die er auch tatsächlich verwendet, das Erklärungsmittel wird also richtig eingesetzt. Jedoch kommt dieser Erklärung aus Sicht eines objektiven Erklärungsempfängers ein anderer Erklärungswert zu, die Bedeutung des zutreffend Geäußerten ist anders als gemeint.

Zu weiteren, speziellen Fällen des Inhaltsirrtums lesen Sie: Rüthers / Stadler, § 25 Rn 27ff.

Kausalität bedeutet, dass der Erklärende bei Kenntnis des objektiven Erklärungswertes seiner Erklärung, diese Erklärung nicht abgegeben hätte. Diese Frage ist aus Sicht eines objektiven Dritten zu klären. Im Gesetz wird die Kausalität etwas umständlich beschrieben: *....wenn anzunehmen ist, dass er sie bei verständiger...usw.*

Fall 25:

A bestellt bei B Haakjöringsköd (Haifischfleisch) in der Meinung, es handele sich bei diesem Begriff um Walfleisch. B kennt die richtige Bedeutung des Wortes. Als B Haifischfleisch liefert, stellt sich das Missgeschick heraus und A erklärt, er wolle das Haifischfleisch nicht haben.

1. Kann B dennoch Abnahme verlangen?

2. Hat B Anspruch auf Ersatz seiner vergeblichen Transportkosten?

Lösungsvorschlag

I. zu Frage 1:

B könnte einen Anspruch auf Abnahme des Haifischfleisches gegen A aus § 433 Abs.2 haben.

Dann müsste ein Kaufvertrag wirksam zustande gekommen sein. Der Abschluss eines Kaufvertrages setzt zwei inhaltlich übereinstimmende Willenserklärungen voraus. Da beide Parteien übereinstimmend die Lieferung von Haakjöringsköd vereinbart haben, liegen zwei sich äußerlich offenbar deckende Willenserklärungen vor. Da ein objektiver Dritter anstelle des jeweiligen Erklärungsempfängers das Erklärte auch als Haakjöringsköd im Sinne von Haifischfleisch verstehen musste, stimmen auch die objektiven Erklärungswerte überein. Folglich ist ein Kaufvertrag über Haifischfleisch wirksam zustande gekommen.

Fraglich ist jedoch, ob dieser Vertrag wieder erloschen ist. Als Erlöschensgrund käme eine Anfechtung durch A in Betracht. Dazu erforderlich wäre zunächst eine Anfechtungserklärung. Diese kann auch in konkludenter Form vorliegen. Durch die Erklärung des A, er wolle das Fleisch nicht mehr haben, bringt er seinen Willen zum Ausdruck, von dem Geschäft loskommen zu wollen. Daher kann man darin eine Anfechtungserklärung i.S.d. § 143 Abs.1 erblicken.

Weiter müsste gem. § 142 ein anfechtbares Rechtsgeschäft und damit ein Anfechtungsgrund vorliegen. In Betracht kommt hier § 119 Abs.1, 1.Alt. Dieser sog. Inhaltsirrtum bezeichnet Fälle, in denen sich der Erklärende über die inhaltliche Bedeutung seiner Erklärung irrt. Wesen eines Irrtums ist das Auseinanderfallen von Wille und Erklärung. A wollte das Wort Haakjöringsköd benutzen, maß ihm subjektiv aber eine andere (falsche) Bedeutung zu. So fallen subjektiv Gewolltes (Walfleisch) und objektiv Erklärtes (Haifischfleisch) auseinander. da er also nicht wusste, was die Bedeutung seiner Worte waren, liegt ein Irrtum über den Inhalt seiner Erklärung vor, die Voraussetzungen des § 119 Abs.1, 1.Alt. sind mithin gegeben.

Folglich hat A den Kaufvertrag wirksam gem. §§ 119 Abs.1, 1.Alt, 143 Abs.1 angefochten. Gem. § 142 ist Folge einer Anfechtung die Nichtigkeit des Geschäfts von Anfang an. Somit ist der Kaufvertrag mit B von Beginn an als nicht existent anzusehen, so dass B keinen Anspruch aus § 433 Abs.2 auf Abnahme des Haifischfleisches gegen A hat.

II. zu Frage 2:

B könnte einen Anspruch auf Ersatz seiner Transportkosten gegen A aus § 122 Abs.1 haben.

Die zunächst erforderliche Anfechtung gem. § 119 ist gegeben, siehe oben unter I. Die Voraussetzungen des Schadensersatzanspruches gem. § 122 Abs.1 liegen damit vor. Rechtsfolge ist der Ersatz des sog. Vertrauensschadens, also derjenigen Schadenspositionen, die dadurch zustande kamen, dass der Erklärungsempfänger - hier B - auf die Gültigkeit der Erklärung vertraute. Dadurch, dass B auf die Gültigkeit der Erklärung des A vertraute, lieferte er das Fleisch. Die vergeblichen Transportkosten werden somit von § 122 Abs.1 erfasst. Der Schaden ist auch kausal. Folglich hat B Anspruch auf Ersatz der Transportkosten gegen A aus § 122 Abs.1.

§§§§§§§§§§§§§§§§§§§§§§§§

Die Anfechtung nach § 119 Abs.1, 2.Fall und § 120

Voraussetzungen des § 119 Abs.1, 2.Fall

1. Vorliegen eines Erklärungsirrtums
2. Kausalität Irrtum/Abgabe der Erklärung

Der **Erklärungsirrtum** gem. § 119 Abs.1, 2.Fall beschreibt den Irrtum in der äußeren Erklärungshandlung. Das vom Erklärenden tatsächlich Geäußerte weicht zwar auch hier von dem ab, was er in Wirklichkeit erklären wollte, aber hier wird anders als bei Inhaltsirrtum das Erklärungsmittel nicht richtig verwendet. Hierher gehören vor allem die Fälle in denen die Benutzung des Erklärungsmittels Sprache, Schrift usw. misslingt. Man kann auch von einer Fehlfunktion des eingesetzten Erklärungsmittels sprechen.

***Bsp.**: Versprechen, Verschreiben, Vergreifen usw.*

Beide **Irrtümer** sind **schwer voneinander zu unterscheiden**:

Beim **Erklärungsirrtum** gelingt es nicht, die gewollte Erklärung so zu äußern wie es gewollt war.
Beim **Inhaltsirrtum** hingegen wird genau das erklärt, was auch erklärt werden sollte. Aber der Erklärungswert des Erklärten ist ein anderer als es sich der Erklärende vorgestellt hatte.

Das Ergebnis ist dann wieder in beiden Fällen gleich: das Erklärte war nicht gewollt.

Fall 26:

S bittet G um ein Darlehensangebot über 10.000,00 Euro. G bietet dies für 1 % Zinsen pro Jahr an. Schreiben wollte er "pro Monat".
S ist über die günstigen Konditionen erfreut und nimmt das Angebot sogleich an. G zahlt das Geld bar an S aus. Beim ersten Zinstermin klärt sich alles auf und G verlangt die sofortige Rückzahlung des Geldes. Zu Recht?

Lösungsvorschlag

Sie lernen hier nun einen weiteren Vertragstyp kennen, den in §§ 488 ff geregelten Darlehensvertrag. Dieser setzt für die Wirksamkeit des aus dem Vertrag folgenden Rückzahlungsanspruches nur die Einigung nicht auch die Auszahlung der sog. Valuta (des Geldes) voraus.

Der Darlehensvertrag ist vom Leihvertrag abzugrenzen. Entscheidender Unterschied ist, dass beim Leihvertrag die verliehenen Sachen selbst zurückzugeben sind, demgegenüber beim Darlehensvertrag Sachen nur "gleicher Art und Güte". Daher ist die Umgangssprache hier sehr wenig exakt: Wer sich vom Nachbarn "zwei Eier zum Backen eines Kuchen leiht", hätte nicht viel gewonnen, müsste er doch genau diese Eier zurückgeben - gemeint ist vielmehr ein Darlehen in Höhe von zwei Eiern!

Es ist das (Geld)Darlehen (§ 488 ff) und das Sachdarlehen (§§ 607 ff) zu unterscheiden.

Der Fall ist vom Ansatz her etwas kompliziert. Der Rückzahlungsanspruch kann sich einmal nach § 488 ergeben oder aus § 812. Da vertragliche Ansprüche stets vorrangig zu prüfen sind, hat man mit § 488 zu beginnen.

G könnte gegen S einen Anspruch auf Rückzahlung des Darlehens aus § 488 Abs.1 S.2 haben. Dann müsste ein Darlehensvertrag wirksam zustande gekommen sein. Dies setzt zwei sich inhaltlich deckende Willenserklärungen voraus. Bei der Aufforderung des S, G solle ein Angebot abgeben, fehlt S noch der rechtliche Bindungswille, es handelt sich dabei nur um eine invitatio ad offerendum, die noch kein Angebot darstellt. Damit ist dann in der Antwort des G ein Angebot zu sehen, das S auch angenommen hat.

Fraglich ist, ob beide Willenserklärungen sich auch inhaltlich decken. Dazu ist der objektive Erklärungswert der Erklärungen zu ermitteln. Der des Angebotes lautete auf 1 % Zinsen pro Jahr. Der Inhalt der Annahme muss von einem objektiven Beobachter so verstanden werden, dass S zu den Konditionen des Angebotes annehmen wollte, also zu 1 % pro Jahr. Die subjektive Fehleinschätzung des G kann ein objektiver Dritter dabei nicht in Betracht ziehen. Folglich ist ein Darlehensvertrag zu einem Zins von 1 % pro Jahr wirksam zustande gekommen.

Dieser Vertrag könnte jedoch infolge einer Anfechtung seitens des G wieder erloschen sein. Dazu ist zunächst eine Anfechtungserklärung erforderlich. Diese ist in dem Rückforderungsverlangen durch G zumindest in schlüssiger Form zu erblicken. Ferner bedarf es eines Anfechtungsgrundes. Hier kommt § 119 Abs.1, 2.Fall in Betracht. Dieser beschreibt Fälle, in denen das tatsächlich Geäußerte von dem abweicht, was der Erklärende in Wahrheit erklären wollte. Da G sich lediglich verschrieben hat, liegt ein Fall des § 119 Abs.1, 2.Alt. vor. Demnach hat G gem. §§ 119 Abs.1, 2.Alt, 143 Abs.1 den Darlehensvertrag mit S wirksam angefochten. Folglich ist der Darlehensvertrag gem. § 142 als von Anfang an nichtig anzusehen. Somit hat G keinen Anspruch auf Rückzahlung des Geldes aus § 488 Abs.1 S.1.

G könnte gegen S Anspruch auf Rückzahlung des Geldes aus § 812 Abs.1 S.1, 1.Fall haben. Dann müsste S zunächst etwas erlangt haben. Da das Darlehen an S ausgezahlt wurde, erhielt S Eigentum und Besitz an den Geldscheinen, hat also etwas erlangt.

Dies müsste durch Leistung des Anspruchsgegners, also G, erfolgt sein. Leistung ist die zweckgerichtete bewusste und gewollte Mehrung fremden Vermögens. Da G mit seinem Verhalten den mit S geschlossenen Darlehensvertrag erfüllen wollte, übereignete er bewusst die Scheine an S, mehrte also gewollt und zweckgerichtet dessen Vermögen.

Schließlich müsste die Leistung auch ohne Rechtsgrund erfolgt sein. Rechtsgrund könnte der zwischen S und G geschlossene Darlehensvertrag sein. Wie oben festgestellt, hat G diesen aber wirksam angefochten, so dass der Darlehensvertrag als Rechtsgrund ausscheidet. Da andere Rechtsgründe nicht ersichtlich sind, erfolgte die Leistung des G ohne Rechtsgrund i.S.d. § 812 Abs.1 S.1, 1.Fall.

> Bei der Anfechtung ist str., ob nicht vielmehr ein Fall des § 812 Abs.1 S.2, 1.Fall - späterer Wegfall des rechtl. Grundes - vorliegt. Dazu im Bereicherungsrecht, Band 4, Schuldrecht BT/1.

Damit liegen die Voraussetzungen des § 812 Abs.1 S.1, 1.Fall vor.

Folglich hat S das Erlangte - Eigentum und Besitz am Geld - gem. §§ 812, 818 Abs.1 herausgegeben. Da lebensnah davon auszugehen ist, dass S genau diese von G erhaltenen Scheine nicht mehr zurückgeben kann (ausgegeben, vermischt mit anderen Scheinen etc.) hat er gem. § 818 Abs.2 Wertersatz zu leisten.

Folglich hat G gegen S einen Anspruch auf Rückzahlung des Geldes aus §§ 812 Abs.1, S.2, 1.Fall, 818 Abs.2.

§§§§§§§§§§§§§§§§§§§§§§§§§

Inhaltsirrtümer entstehen oft im Rahmen schlüssiger Erklärungen, wenn der objektive Erklärungswert ein anderer ist, als es sich der Erklärende vorgestellt hat.

Fall 27:
Gast G geht in eine ihm bekannte Kneipe und bestellt wie üblich durch Zuruf „ein Pils". Wirt W serviert ihm das Bier, G trinkt es aus. Als G dann bezahlen will verlangt der Wirt 2,80 Euro. G protestiert und meint das Bier koste doch nur 2,50 Euro. Es stellt sich heraus, dass W einige Tage zuvor den Preis erhöht und dies auch auf den ausliegenden Speisekarten vermerkt hatte. G meint für 2,80 Euro hätte er kein Bier geordert und will nicht zahlen.
Hat W Anspruch auf Zahlung des Preises von Euro 2,80?

Lösungsvorschlag

W könnte gegen G einen Anspruch auf Zahlung des Preises von EUR 2,80 aus § 433 Abs.2 haben. Dann müsste ein Kaufvertrag wirksam zustande gekommen sein. Dies setzt zwei übereinstimmende Willenserklärungen der Parteien voraus.

Das Angebot könnte hier W gemacht haben, indem er die Speisekarte auslegte. Da ihm bei verständiger Würdigung seiner Interessenlage aber der erforderliche Rechtsbindungswille fehlen dürfte, liegt darin nur eine sog. invitatio ad offerendum, die kein Angebot darstellt (str.).

Das Angebot könnte jedoch der G gemacht haben, als er das Bier bestellte. Da er dadurch den Erwerb des Getränks und damit einen Rechtserfolg herbeiführen wollte, liegt darin eine Willenserklärung und somit ein Angebot.

Fraglich ist jedoch der Inhalt desselben. Es handelt sich hier nicht um eine ausdrückliche sondern eine schlüssige Erklärung. Es ist daher deren objektiver Erklärungswert durch sachgerechte Auslegung zu ermitteln.

Willenserklärungen sind gem. § 133 auszulegen. Danach ist der beim Erklärungsempfänger objektiv zutage getretene Wille des Erklärenden maßgebend. Vorliegend ist daher zu fragen, was ein objektiver Dritter an Stelle des W unter der Erklärung des G *"ein Pils"* verstehen musste. Da ein objektiver Dritter von den Preisen der ausliegenden und damit zugänglichen Speisekarte ausgehen musste, konnte er darunter nur "ein Pils zum Preis der Karte" – also 2,80 EUR - verstehen. Also hat der G ein Angebot zum Erwerb eines Bieres zu EUR 2,80 abgegeben.

W hat mit der Lieferung des Getränks ebenfalls eine Willenserklärung abgegeben. Der Inhalt seines schlüssigen Verhaltens ist in gleicher Weise aus Sicht eines objektiven Erklärungsempfängers zu bestimmen. Ein objektiver Dritter an Stelle des G hätte die Speisekarte gekannt und damit gewusst, dass W das Bier zum Kartenpreis von EUR 2,80 serviert. Damit hat W das Angebot angenommen, ein Vertrag zum Preis von EUR 2,80 ist mithin zustande gekommen.

Dem somit gegebenen Anspruch auf Zahlung aus § 433 Abs.2 könnte aber eine wirksame Anfechtung des G entgegenstehen.

Eine wirksame Anfechtung setzt zunächst eine Anfechtungserklärung voraus. Die Anfechtungserklärung kann ausdrücklich oder schlüssig erfolgen. Hier weigert sich G, das Bier zu bezahlen. Damit bringt er zum Ausdruck, dass er den Vertrag nicht durchführen wolle, er hat somit eine Erklärung abgegeben, die als Anfechtungserklärung zu werten ist.

Ferner bedarf es eines Anfechtungsgrundes. Hier kommt ein Inhaltsirrtum nach § 119 Abs.1, 1. Fall in Betracht.

Erforderlich ist dazu, dass der Erklärende verkennt, welchen Inhalt seine Erklärung im Rechtsverkehr tatsächlich hat. Hier glaubt G durch den Zuruf *„ein Pils“* ein Bier zum Preis von EUR 2,50 zu bestellen, tatsächlich erklärt er aber ein Bier für EUR 2,80 haben zu wollen. Also irrt er über den Inhalt seiner Erklärung. Ein Inhaltsirrtum gemäß § 119 Abs.1 liegt somit vor.

Da G das Bier für EUR 2,80 nicht geordert hätte, ist auch die notwendige Kausalität gegeben. Folglich hat G die Erklärung wirksam angefochten.

Gem. § 142 ist die Erklärung und damit der Vertrag von Beginn an nichtig. Ein Anspruch auf Bezahlung ist somit nicht aus § 433 Abs.2 gegeben.

W hätte aber gem. § 122 Anspruch auf Schadensersatz, dessen Umfang aber fraglich ist.

§§§§§§§§§§§§§§§§§

Der Eigenschaftsirrtum gem. § 119 Abs.2

Dieser Irrtum wird überwiegend als ausnahmsweise beachtlicher Fall des Motivirrtums angesehen.

Voraussetzungen des § 119 Abs.2

1. Irrtum über eine Eigenschaft von Sachen oder Personen
2. Die Eigenschaft ist verkehrswesentlich
3. Kausalität

Eigenschaften sind alle gegenwärtigen rechtlichen und tatsächlichen Merkmale, die einer Sache oder Person unmittelbar und für nicht unerhebliche Dauer anhaften und auf ihre Wertschätzung von Einfluss sind, kurz: **alle wertbildenden Faktoren**.

Eigenschaften einer Sache sind z. B.: Echtheit, Haltbarkeit, Material etc.;

Eigenschaften einer Person: Alter, Sachverstand, Kreditwürdigkeit.

Als Eigenschaft kommt nach dieser Definition insbesondere **nicht** der **Preis** oder der **Wert der Sache** in Betracht, da dies stets nur das Ergebnis der Eigenschaften sein kann.

Str. ist, ob auch die Eigentumsverhältnisse an Sachen Eigenschaften darstellen. Dazu Diehn, Streitstände *Kompakt*, Bd.3, Streitstand 17.

Verkehrswesentlich sind Eigenschaften (nach überwiegender Ansicht), wenn der fragliche Umstand nach den ausdrücklichen oder schlüssigen Vereinbarungen der Parteien als wesentlich für das konkrete Geschäft zu erachten ist. Fehlt es an einer Vereinbarung, ist auf die Verkehrsauffassung (also objektiv) für solche Geschäfte abzustellen.

Zu den Streitigkeiten im Detail: Rolf Schmidt, BGB-AT, Rn.1352 ff.

Beachten Sie: Der Begriff der Sache soll für § 119 Abs.2 nicht i.S.d. § 90 zu verstehen sein, sondern weitergehend jeden Geschäftsgegenstand - also auch Forderungen und Rechte - erfassen.

Die erforderliche **Kausalität** muss zwischen Irrtum über die Eigenschaft und Abgabe der Willenserklärung bestehen. Hätte also der Anfechtende die Erklärung auch abgegeben, wenn er seinen Irrtum gekannt hätte, fehlt es an der Kausalität.

Der **Übermittlungsirrtum** gem. § 120 (sog. Botenirrung) ist ein Sonderfall des Erklärungsirrtums, der nur für Erklärungs- nicht auch für Empfangsboten gilt. Fraglich ist, ob § 120 auch auf die **bewusste** Falschübermittlung durch den Boten anwendbar ist. Überwiegend wird dies abgelehnt und die §§ 177 ff analog angewendet (Fall sog. Botenschaft ohne Botenmacht).

Siehe dazu Diehn, Streitstände *Kompakt*, Bd.3, Streitstand 21.

Fall 28:

A vereinbart mit B, dass dieser sein Wohnmobil vier Wochen unentgeltlich benutzen dürfe. Tags nach der Übergabe erfährt A, dass B seine Fahrerlaubnis kurz zuvor wegen einer Trunkenheitsfahrt verloren hat. Daraufhin teilt A dem B mit, dass er unter diesen Umständen die Vereinbarung ausdrücklich anfechte und er die sofortige Rückgabe des Wohnmobils verlange. Zu Recht?

Lösungsvorschlag

A könnte gegen B einen Anspruch auf Rückgabe des Fahrzeugs aus § 604 Abs.1 haben.

Dann müsste ein Leihvertrag gem. § 598 wirksam zustande gekommen sein. Da A und B vereinbaren, dass das Fahrzeug von B unentgeltlich benutzt werden soll, kann darin der Abschluss eines Leihvertrages gesehen werden.

Fraglich ist jedoch, ob dieser Leihvertrag eventuell wieder erloschen ist. Dies könnte der Fall sein, hätte A den Vertrag wirksam angefochten.

Dazu bedürfte es zunächst einer Anfechtungserklärung. Da das Ziel des A, die Rückgabe der Sache, unter Umständen auch durch Kündigung des Leihvertrages gem. § 605 erreicht werden könnte, ist die Äußerung des A sachgerecht auszulegen. Da einerseits die Kündigung nach § 605 an bestimmte enge Voraussetzungen geknüpft ist und es andererseits offenbar das Ziel des A ist, "ohne wenn und aber" die Sache zurück zu erhalten, spricht hier viel dafür, dass A den Vertrag als solchen vernichten wollte. Dies gilt umso mehr als er "ausdrücklich anficht". Folglich ist in der Äußerung des A eine Anfechtungserklärung gem. § 143 Abs.1 zu sehen.

Weiter müsste dem A ein Anfechtungsgrund zugestanden haben. In Betracht käme hier § 119 Abs.2. Dann müsste A einem Irrtum über die Eigenschaft einer Person unterlegen sein. Eigenschaften sind alle Faktoren, die auf die Wertschätzung einer Person von Einfluss sind. Der Besitz einer gültigen Fahrerlaubnis ist danach für die Frage, ob einer Person ein Kraftfahrzeug überlassen wird, von erheblicher Bedeutung. Auch die Tatsache dass eine Trunkenheitsfahrt vorgelegen hat, lässt auf eine nicht unerhebliche Unzuverlässigkeit beim Führen von Kraftfahrzeugen schließen. Mithin hat sich A über die Zuverlässigkeit des B als Kfz-Führer und dessen Berechtigung, Kraftfahrzeuge zu führen, also über eine Eigenschaft i.S.d. § 119 Abs.2 geirrt.

Diese Eigenschaft müsste verkehrswesentlich sein, d.h. von der Verkehrsauffassung für das betreffende Geschäft als wesentlich angesehen werden. Dies ist bei der leihweisen Überlassung von Kraftfahrzeugen bezüglich der in Frage stehenden Fahrerlaubnis der Fall.

Schließlich hätte A auch seine Willenserklärung nicht abgegeben, hätte er gewusst, dass B keine Fahrerlaubnis mehr besaß. Somit ist auch die notwendige Kausalität gegeben.

Damit liegen die Voraussetzungen des § 119 Abs.2 vor. Somit hat A den Leihvertrag wirksam angefochten, so dass dieser gem. § 142 nichtig ist. Folglich kommt ein Anspruch gegen B auf Rückgabe aus § 604 Abs.1 mangels bestehenden Leihvertrages nicht in Betracht.

A könnte jedoch gegen B einen Anspruch auf Rückgabe des Fahrzeugs aus § 985 haben. Dann müsste A Eigentümer der Sache sein. Es kann mangels anderer Hinweise im Sachverhalt davon ausgegangen werden, dass ursprünglich das Eigentum am Fahrzeug A zustand. Da auch keine Übereignung nach § 929 erfolgt ist, sondern lediglich ein schuldrechtlicher Leihvertrag abgeschlossen wurde, der die dingliche Rechtslage unberührt lässt, hat A das Eigentum auch nicht etwa an B verloren.

Weiter müsste der B als Anspruchsgegner Besitzer sein. Besitzer ist gem. § 854 Abs.1, wer die tatsächliche Sachherrschaft ausübt. Da B die unmittelbare Zugriffsmöglichkeit auf den Wagen durch die Übergabe von A erhalten hat, übt er eine solche Sachherrschaft aus, ist also Besitzer i.S.d. §§ 985, 854.

Damit hätte A einen Anspruch aus § 985 gegen B, es sei denn, dem stünde ein Recht zum Besitz des B gem. § 986 entgegen. Ein solches Besitzrecht könnte sich hier, soweit ersichtlich, nur aus dem Leihvertrag ergeben, dieser ist jedoch wirksam angefochten (siehe oben). Daher steht dem B kein Recht zum Besitz gem. § 986 zu.

Folglich hat A einen Anspruch gegen B auf Herausgabe des Kraftfahrzeuges aus § 985.

Weiter könnte A einen Anspruch gegen B auf Herausgabe des Fahrzeugs aus § 812 Abs.1 S.1, 1.Fall haben.

Sie haben hier nun erstmals einen Fall vorliegen, in dem eine dritte Anspruchsgrundlage in Betracht kommt. Selbst wenn, wie hier, ein Anspruch bereits bejaht wurde, hat man die Möglichkeit weiterer Ansprüche auch dann noch zu prüfen, da das Wesen des Gutachtens fordert, alle rechtlichen Möglichkeiten zu untersuchen.

Dann müsste B etwas erlangt haben. Da B durch die Übergabe im Rahmen des Leihvertrages den unmittelbaren Besitz erhielt, siehe oben, ist dies der Fall. Angesichts fehlender Übereignung gem. § 929 hat er jedoch nicht das Eigentum an dem Fahrzeug erhalten, siehe oben.

Die Besitzübertragung diente der Erfüllung des Leihvertrages, war also zweckgerichtet. Dem A war auch bewusst, das Vermögen des B zu vermehren, also liegt eine Leistung des A vor.

Schließlich ist auch der allein als Rechtsgrund in Betracht kommende Leihvertrag angefochten, siehe oben, so dass die Leistung auch ohne Rechtsgrund erfolgte.

Nach anderer Ansicht ist der Rechtsgrund i.S.d. § 812 Abs.1 S.2 weggefallen.

Folglich hat A einen Anspruch gegen B auf Herausgabe des Besitzes am Wohnmobil aus § 812 Abs.1 S.1, 1.Alt.

§§§§§§§§§§§§§§§§§§§§§§§

Wichtig: keine Fälle des Irrtums nach § 119 sind:

der Motivirrtum,
der Rechtsfolgeirrtum
der Doppelirrtum

Beim sog. **Motivirrtum** stimmen Wille und Erklärung überein, der Wille beruht lediglich auf fehlerhafter Grundlage. Er berechtigt demnach **nicht** zur Anfechtung. Hierher gehört auch der häufige Fall des sog. **Kalkulationsirrtums**, bei dem sich jemand bei der Preisgestaltung irrt, z.B. verrechnet.

***Bsp.**: K erwirbt einen Gegenstand, weil er glaubt, diesen gewinnbringend wieder veräußern zu können. Dies gelingt jedoch nicht. - Der "Irrtum" des K liegt in der Motivation zum Erwerb, daher unbeachtlicher Motivirrtum.*

Zur Differenzierung zwischen offenem und verdecktem Kalkulationsirrtum und deren Behandlung: Rüthers/Stadler, § 25, 40 ff; Diehn, Streitstände *Kompakt*, Bd.3, Streitstand 16.

Der **Rechtsfolgeirrtum** beschreibt Fälle, in denen jemand über rechtliche Nebenfolgen irrt. Auch hier stimmen Wille und Erklärung überein, so dass kein Recht zur Anfechtung besteht. Irrt der Erklärende hingegen über die Hauptfolgen der Erklärung, so ist deren Inhalt selbst betroffen, so dass der Erklärende u.U. gem. § 119 Abs.1 anfechten kann.

Der sog. **Doppelirrtum** beschreibt Fälle, in denen beide Parteien über Umstände, die dem Geschäft zugrunde liegen, irren, ohne dass diese Umstände in den Erklärungen zum Ausdruck gekommen wären. Überwiegend meint man, hier liege ein Motivirrtum vor, der nicht zur Anfechtung, sondern allenfalls zum Wegfall der Geschäftsgrundlage, § 242, führen könne. Eine andere Ansicht will hier einen Fall des § 119 Abs.2 annehmen.

Die Anfechtung nach § 123

Der § 123 liegt entweder vor, wenn der Erklärungsempfänger **arglistig getäuscht** (§ 123 Abs.1, 1.Fall) oder ihm **widerrechtlich gedroht** (§ 123 Abs.1, 2.Fall) wurde.

Die Voraussetzungen des § 123 Abs.1

1. Täuschungshandlung
2. Arglist bzgl. der Täuschung
3. Kausalität

Täuschungshandlung ist

das Hervorrufen, Unterhalten oder Bestärken eines Irrtums durch positives Tun oder pflichtwidriges Unterlassen

Das Ergebnis einer Täuschung muss damit das Entstehen einer Fehlvorstellung, also eines Irrtums sein.

Arglist bzgl. der Täuschung setzt voraus, dass der Täuschende zusätzlich zur Täuschung noch arglistig handelte. Arglistig handelt, wer weiß und will (Vorsatz, bedingter Vorsatz genügt), dass der Getäuschte eine Willenserklärung abgibt, die er ohne Täuschung nicht abgegeben hätte. Ein Schädigungs- oder Bereicherungsvorsatz ist nicht erforderlich. Andererseits reicht das bloße Verursachen einer Täuschung nicht aus. Erforderlich ist vielmehr, dass dergestalt auf die Psyche des Getäuschten eingewirkt wird, dass diesem das Erkennen der wahren Umstände bewusst erschwert werden soll.

> ***Bsp.**: Zurückdrehen eines Tachometers; Verdecken von Unfallschäden durch dickes Aufsprühen von Unterbodenschutz.*

Kausalität muss zwischen Täuschung und Willenserklärung des Getäuschten bestehen, die Täuschung die Abgabe der Erklärung verursacht haben.

Voraussetzungen des § 123 Abs.1, 2. Fall

> **1. Vorliegen einer Drohung**
> **2. Widerrechtlichkeit der Drohung**
> **3. Kausalität**

Eine **Drohung** ist das ausdrückliche oder konkludente **Inaussichtstellen eines Übels**, das der Drohende als **von seinem Willen abhängig darstellt**. Es ist dabei nicht erforderlich, dass er tatsächlich einen Einfluss auf den Eintritt des Übels hat, es kommt nur darauf an, dass er es so darstellt.

> Das unterscheidet die Drohung von der Warnung, bei der jemand vor dem Eintritt eines Übels warnt, ohne vorzugeben, er könne den Eintritt beeinflussen.

Die **Widerrechtlichkeit der Drohung** ist gegeben bei Verwerflichkeit des Drohungsmittels, des Drohungszwecks oder der Beziehung zwischen dem Mittel und diesem Zweck.

Kausalität zwischen Drohung und Willenserklärung des Bedrohten liegt vor, wenn der Bedrohte ohne die Drohung die Erklärung nicht abgegeben hätte.

Beachten Sie: Gem. § 123 Abs.2 muss sich der Erklärende solche Täuschungen, die nicht er, sondern außenstehende Dritte verübt haben, nur dann zurechnen lassen, wenn er die Täuschung kannte oder kennen musste. Problematisch und umstritten ist dabei, wer als "Dritter" i.S.d. § 123 Abs.2 anzusehen ist.

Lesen Sie dazu: Rüthers / Stadler, § 25 Rn 81;
Diehn, Streitstände *Kompakt*, Bd.3, Streitstand 22.

Wichtig: der Vertreter gem. §§ 164 ff ist nicht Dritter i.S.d. § 123 Abs.2!

Fall 29:

K erwirbt von V einen Pkw wegen dessen geringer Kilometerleistung von 48.000 km. V hatte den Tacho zuvor von 98.000 auf 48.000 zurückgestellt. Als K dies erfährt, holt er sich Rechtsrat ein, überlegt noch eine Weile und erklärt dann dem V die Anfechtung. V verlangt Zahlung des Kaufpreises. Zu Recht?

Lösungsvorschlag

V könnte einen Anspruch gegen K auf Zahlung des Kaufpreises aus § 433 Abs.2 haben.

Dann müsste ein Kaufvertrag wirksam zustande gekommen sein. Der Abschluss eines Kaufvertrages setzt zwei inhaltlich übereinstimmende Willenserklärungen voraus. Da der Sachverhalt von "erwirbt" spricht, kann darunter ein Vorgang verstanden werden, der rechtlich den Abschluss eines Kaufvertrages darstellt. Ein Kaufvertrag ist mithin wirksam zustande gekommen.

Zu prüfen ist jedoch, ob der Vertrag wieder erloschen ist. Dies könnte infolge der Anfechtung durch K der Fall sein.

Fraglich ist, ob die Anfechtung hier überhaupt zulässig ist, oder ob K nicht auf die grundsätzlich vorgehenden Gewährleistungsrechte angewiesen ist. Es ist jedoch anerkannt, dass in Fällen arglistiger Täuschung neben den ggf. einschlägigen Gewährleistungsrechten aus §§ 437 ff auch alternativ die Anfechtung zulässig ist. Daher könnte K hier grundsätzlich anfechten.

Voraussetzung für eine Anfechtung ist gem. § 143 Abs.1 zunächst eine Anfechtungserklärung. Da im Sachverhalt ausdrücklich von Anfechtung die Rede ist und K zuvor Rechtsrat eingeholt hat, muss davon ausgegangen werden, dass es sich auch tatsächlich um eine Anfechtungserklärung, nicht etwa um eine Rücktrittserklärung nach §§ 437, 349 handelte.

Weiter müsste zugunsten des K ein Anfechtungsgrund eingreifen. In Betracht käme hier § 123 Abs.1. Dieser setzt eine Täuschung voraus. Indem V den Tacho zurückdrehte und den falschen Tachostand dem K zur Kenntnis brachte, wirkte V derart auf die Psyche des K ein, dass in diesem ein Irrtum über die Laufleistung des Wagens entstand. Damit hat V den K getäuscht.

Diese Täuschung hatte V auch vorsätzlich, also mit Wissen und Wollen, zu dem Zweck vorgenommen, dem K die wahre Laufleistung zu verschweigen, damit K auf den Kauf einging. Folglich handelt er auch arglistig.

Außerdem hat K die Willenserklärung zum Kauf gerade wegen der geringen Kilometerleistung abgegeben, so dass zwischen Täuschung und Abgabe der Willenserklärung auch Kausalität bestand. Damit liegen die Voraussetzungen einer Anfechtung nach § 123 Abs.1 vor.

Dadurch, dass K nicht sofort anficht, könnte das Anfechtungsrecht des § 123 Abs.1 aber ausgeschlossen sein. Nach § 124 Abs.1 beträgt die Anfechtungsfrist für Anfechtungen nach § 123 ein Jahr, das hier wohl noch nicht verstrichen sein dürfte.

Mithin hat K den Kaufvertrag wirksam angefochten. Somit ist der Kaufvertrag gem. § 142 nichtig. Also hat V keinen Anspruch auf Zahlung des Kaufpreises gegen K aus § 433 Abs.2.

Soweit V den Wagen schon übergeben und übereignet hatte, kann er natürlich Eigentum und Besitz nach § 812 Abs.1 S.1, 1.Fall von K heraus verlangen.

§§§§§§§§§§§§§§§§§§§§§§§§

Wiederholungsfragen zum 10. Kapitel

1. Wo ist im AT des BGB die Anfechtung geregelt?	In §§ 119, 120, 123
2. Wann gelangt man in der Fallbearbeitung erst zu Anfechtungsfragen?	Wenn zuvor festgestellt ist, dass das Rechtsgeschäft wirksam zustande gekommen ist.
3. Was ist das Wesen der Anfechtung?	Beseitigung der Willenserklärung und damit des gesamten Rechtsgeschäfts.
4. Voraussetzungen der Anfechtung im Allgemeinen?	1. Anfechtungserklärung 2. Anfechtungsgrund 3. Kausalität
5. Wie kann die Anfechtungserklärung erfolgen?	Ausdrücklich oder konkludent
6. Was ist bei konkludenter Anfechtungserklärung stets zu prüfen?	Ob Parteiwille tatsächlich auf Anfechtung gerichtet ist, oder ob er nicht vielmehr auf andere rechtliche Gestaltungsmöglichkeiten abzielte.
7. Welche Anfechtungsgründe sind im BGB AT geregelt?	§ 123; § 120; § 119 Abs.1, 1.Fall; § 119 Abs.1, 2.Fall; § 119 Abs.2
8. Was beschreibt § 119 Abs.1, 1.Fall?	Inhaltsirrtum: der Erklärende irrt über die inhaltliche Bedeutung seiner Erklärung, da er glaubt, der obj. Erklärungswert sei ein anderer.
9. Was beschreibt § 119 Abs.1, 2.Fall?	Erklärungsirrtum, in dem das tatsächlich Geäußerte von dem abweicht, was der Erklärende in Wahrheit erklären wollte.
10. Was versteht man unter Eigenschaften i.S.d. § 119 Abs.2?	Alle gegenwärtigen rechtlichen und tatsächlichen Merkmale, die einer Sache oder einer Person unmittelbar und für nicht unerhebliche Dauer anhaften und auf ihre Wertschätzung von Einfluss sind, kurz alle wertbildenden Faktoren.
11. Was ist unter Sache i.S.d. § 119 Abs.2 zu verstehen?	Jeder Geschäftsgegenstand, nicht nur Sachen i.S.d. § 90
12. Wie ist der bloße Motivirrtum einzuordnen?	Irrelevant, Ausnahme: § 119 Abs.2
13. Wann ist eine Täuschung gegeben?	Bei Hervorrufen, Unterhalten oder Bestärken eines Irrtums durch positives Tun oder pflichtwidriges Unterlassen.
14. Wann liegt Arglist vor?	Wenn jemand weiß und will, dass der Getäuschte eine Willenserklärung abgibt, die er ohne die Täuschung nicht abgeben würde.
15. Was versteht man unter Drohung?	Das ausdrückliche oder konkludente Inaussichtstellen eines Übels, das der Drohende als von seinem Willen abhängig darstellt
16. Wann ist die Drohung widerrechtlich?	Bei Verwerflichkeit des Drohungszweckes oder der Beziehung zwischen Mittel und Zweck.
17. Wo sind Anfechtungsfristen geregelt?	§§ 121, 124
18. Rechtsfolge wirksamer Anfechtung?	Rechtsgeschäft ist von Anfang an nichtig, § 142; Schadensersatzanspruch gem. § 122 außer in den Fällen des § 123.

10. Kapitel
Verjährung

Die Verjährung ist in §§ 194 ff geregelt und beschreibt das Ende der Durchsetzbarkeit von Ansprüchen. Daher können Gestaltungsrechte (die ja gerade keine Ansprüche sind) nicht verjähren.

Sinn der Verjährung ist es, nach einer gewissen Zeit Rechtsfrieden eintreten zu lassen. Nur Ansprüche, gesetzliche wie vertragliche, unterliegen der Verjährung, § 194. Die Verjährung kann nur Ansprüche betreffen und ist daher von der Präklusion und der Verwirkung abzugrenzen.

Merken Sie: Präklusion bezeichnet den gesetzlich normierten Ausschluss von Rechten nach einer bestimmten Zeit, z.B. §§ 121, 124.

Beachten Sie:

Anfechtungsfristen sind Präklusionsfristen, keine Verjährungsfristen; §§ 194 ff sind auf die Anfechtung nicht anwendbar

Verwirkungen sind gesetzlich nicht geregelte Fälle, in denen man unter dem Gesichtspunkt von Treu und Glauben ein Recht als erloschen ansieht.

Die Verjährung ist nicht für alle Ansprüche gleich lang bemessen, sie unterscheidet sich z.B. nach der Art des Geschäftes oder den am Geschäft beteiligten Personen.

Wichtig: Die Verjährung schließt nicht von sich aus den Anspruch aus, der Schuldner muss sich vielmehr im Prozess auf Verjährung berufen (es handelt sich um eine **Einrede**!).

Die Verjährung ist nicht für alle Ansprüche gleich lang bemessen, sie unterscheidet sich z.B. nach der Art des Geschäftes oder den am Geschäft beteiligten Personen.

Die **regelmäßige Verjährungsfrist** beträgt nunmehr nur noch 3 Jahre, § 195.

In §§ 196, 197 sind Ausnahmen geregelt für bestimmte Arten von Geschäften:

- die in § 196 genannten **Ansprüche auf Grundstücksrechte verjähren in 10 Jahren**.

- die in § 197 genannten Ansprüche (lesen!) verjähren in 30 Jahren.

Der **Beginn der regelmäßigen Verjährungsfrist** ist in § 199 geregelt. Sie beginnt am Schluss des Jahres in dem
1. der Anspruch entstanden ist,
2. der Gläubiger Kenntnis der anspruchsbegründenden Tatsachen und der Person des Schuldners erlangt.

Erst wenn beide Voraussetzungen erfüllt sind, beginnt am 1.1. des Folgejahres die Verjährungsfrist zu laufen.

Beginnt danach die Verjährungsfrist nicht zu laufen, tritt nach § 199 Abs.2 nach 10 Jahren ab Fälligkeit jedenfalls Verjährung ein. Für Ansprüche aus unerlaubter Handlung gilt insoweit eine Frist von 30 Jahren seit der Begehung der unerlaubten Handlung etc.

Andere Verjährungsfristen laufen grundsätzlich ab Fälligkeit des Anspruchs, § 200.

Daneben gibt es nach wie vor besondere Verjährungsfristen z.B. im Kaufrecht in § 438, im Werkvertragsrecht § 634a, im Leihvertrag § 604 Abs.5.

Dort ist dann auch jeweils der Beginn dieser Fristen geregelt. Näheres dazu im Skript Schuldrecht BT-2.

In §§ 203 ff ist die Hemmung der Verjährung geregelt.

Hemmung tritt ein

nach § 203 für die Zeitdauer von **Verhandlungen über den Anspruch**
nach § 204 Abs.1 Nr.1 u.a. durch **Klagerhebung**
nach § 204 Abs.1 Nr.3 durch die **Zustellung des Mahnbescheides**

sowie in zahlreichen weiteren Fällen, die in § 204 Abs.1 genannt sind.

Die **Hemmung endet** im Fall des § 204 Abs.1 gem. § 204 Abs.2 sechs Monate nach den dort genannten Zeitpunkten (rechtskräftige Entscheidung, Verfahrensende, Stillstand des Verfahrens). Zum Ende der Hemmung in Fällen des § 203: siehe § 203 S.1 letzter HS.

Weitere Fälle einer Hemmung der Verjährung enthalten die §§ 205-207.

Nach § 208 wird der Zeitraum der Hemmung nicht in die Verjährungsfrist eingerechnet, so dass nach Ende der Hemmung die angebrochene Verjährungsfrist weiter läuft.

Bsp.: *Fälligkeit des Anspruchs (=Beginn der Verjährung) 1.6.05; Mahnbescheid (= Beginn der Hemmung) 1.4.07; Stillstand des Verfahrens (= Ende der Hemmung) 1.2.08. - Da von der dreijährigen Verjährungsfrist zunächst ein Jahr und zehn Monate verstrichen sind, beträgt die restliche Verjährungsfrist noch 14 Monate.*

Eine **Unterbrechung der Verjährung**, wie sie nach altem Recht vorgesehen war, **gibt es nicht mehr**.

Vergleichbar mit der Unterbrechung ist jedoch der nunmehr eingeführte **Neubeginn der Verjährung**, der allerdings nur die in § 212 genannten Sonderfälle betrifft.

Nach Eintritt der Verjährung ist nach § 214 der Schuldner berechtigt, die Leistung zu verweigern. Der Anspruch erlischt also nicht.

Wiederholungsfragen zum 11. Kapitel

1. Wo ist die Verjährung geregelt?	In §§ 194 ff, 477; 638; 852
2. Was bezeichnet die sog. Präklusion?	Den gesetzlich normierten Ausschluss eines Rechtes nach einer bestimmten Zeit.
3. Was beschreibt die Verwirkung?	Gesetzlich nicht geregelte Fälle, in denen man unter dem Gesichtspunkt von Treu und Glauben ein Recht als erloschen ansieht.
4. Was demgegenüber die Verjährung?	Sie beschreibt das Ende der Durchsetzbarkeit von Ansprüchen.
5. Wirkung der Verjährungshemmung?	Die Verjährungsfrist läuft ab Hemmung nicht weiter, mit Fortfall der Hemmung beginnt sie ab dem Zeitpunkt weiter zu laufen.
6. Wirkung des Neubeginns der Verjährung?	Die Frist beginnt mit Eintritt des maßgeblichen Umstands neu zu laufen.

ANHANG

Hinweise zur Anfertigung einer zivilrechtlichen Hausarbeit

1. Bestandteile der Arbeit

Bestandteile der Arbeit sind: **Deckblatt; Sachverhalt; Gliederung; Aufgabentext; Literaturverzeichnis**.

Auf dem **Deckblatt** sind Vor- und Zuname des Verfassers, seine Anschrift sowie die Zahl der Fachsemester zu vermerken. Die Lehrveranstaltung nebst Namen des Dozenten ist anzugeben und schließlich soll ersichtlich sein, die wievielte der ausgegebenen Arbeiten im Semester die vorliegende ist.

Der **Text der Arbeit** ist mit **arabischen Seitenzahlen** zu versehen. **Deckblatt, Aufgabenstellung, Gliederung und Literaturverzeichnis** sind mit **römischen Zahlen** zu versehen.

Es ist meist vorgeschrieben (sonst dringend angeraten), die Arbeit mit dem Computer zu erstellen, Zeilenabstand 1,5, für Fußnoten 1,0. Oft werden aber auch genaue Angaben zur Formatierung ausgegeben, die Sie zu beachten haben (z.B. Randbreite, Schriftgröße)

Der Rand soll normalerweise auf jeder linken Seite des Textes eine Breite von einem Drittel bis zur Hälfte des Blattes aufweisen.

Am Ende ist jede Arbeit eigenhändig zu unterschreiben.

2. Die Gliederung

Die Gliederung soll Aufbau und Gedankengang der Arbeit im Überblick erkennen lassen. Dazu soll keine Kurzfassung der Arbeit geschrieben werden, andererseits ist aber auch eine bloße Wiederholung von Gesetzestext nicht ausreichend. Hinter den jeweiligen Gliederungspunkten ist die Anfangsseite des betreffenden Abschnittes anzugeben. Die Gliederungspunkte müssen sich im Text wiederfinden und - zumindest die größeren - auch in Form von Überschriften verwendet werden. Bei der Gliederung ist es zweckmäßig, die traditionelle Gliederungsweise: A., I., 1., a), aa) zu verwenden. Andere Gliederungssysteme werden nicht von allen Professoren anerkannt. Achtung: Stets darauf achten, dass einem 1. ein 2., A. ein B. folgen muss!

3. Literaturverzeichnis

Das Literaturverzeichnis muss die gesamte Literatur, die der Verfasser in seiner Arbeit verwendet und in den Fußnoten zitiert hat, enthalten. Ausnahme: die eingearbeitete Rechtsprechung. Nicht in das Literaturverzeichnis aufgenommen werden jene Werke, die der Verfasser zwar gelesen, jedoch nicht zitiert hat. Um die Übersichtlichkeit zu erhöhen (?) wird teilweise empfohlen, die Literatur nach Kommentaren, Lehrbüchern und Einzeldarstellungen zu unterteilen. Letztere spalten sich noch in Monographien, Dissertationen, Aufsätze, Urteilsanmerkungen etc. auf. Die Werke sind dabei jeweils nach Verfassern geordnet in alphabetischer Reihenfolge aufzuführen. Sofern ein Verfasser mit mehreren Werken vertreten ist, so soll die Angabe in chronologischer Reihenfolge geschehen.

Das einzelne Werk wird mit Namen und Vornamen des Autors, Titel, Auflage, Erscheinungsort und -jahr in das Literaturverzeichnis aufgenommen. Bei Kommentaren, die von verschiedenen Bearbeitern verfasst wurden, sind diese nicht im Literaturverzeichnis, sondern nur in den Fußnoten jeweils anzugeben. Bei Dissertationen ist zusätzlich die Universität zu nennen, an der die Arbeit angefertigt wurde. Bei Aufsätzen etc. ist die Seitenzahl der jeweiligen Zeitschrift usw. anzugeben, auf der der Beitrag beginnt. Teilweise empfiehlt es sich, um in den Fußnoten Platz zu sparen, dort in verkürzter Form zu zitieren. Diese verkürzte Zitierweise muss dann auch im Literaturverzeichnis entsprechend vermerkt werden.

4. Zitate

Alles, was nicht Gedankengut des Verfassers selbst ist, ist in der Arbeit als fremd durch ein Zitat kenntlich zu machen. Dabei sind die Fußnoten auf jeder Seite unten aufzuführen, nicht am Ende der Arbeit zusammengefasst. Die Fußnoten müssen so genau abgefasst sein, dass ein problemloses Auffinden des jeweilig zitierten Gedankens für den Leser der Arbeit ohne weiteres möglich ist. In der Fußnote brauchen daher auch nur die Angaben enthalten zu sein, die dazu erforderlich sind, also Verfasser, Werk und Fundstelle. Dabei ist eine verkürzte Schreib- und Darstellungsweise nicht nur zulässig, sondern empfehlenswert. Siehe dazu die Zitate in diesem Skriptum. Bei Lehrbüchern empfiehlt es sich, nicht nach Seitenzahlen, sondern möglichst nach Gliederungspunkten zu zitieren. In jedem Fall muss einheitlich entweder nach Gliederungspunkten oder nach Seitenzahlen zitiert werden. Bei Aufsätzen, Festschriftbeiträgen, Urteilsanmerkungen usw. ist neben der Zitatstelle (Seite) auch die Anfangsseite des gesamten Beitrages zu nennen. Aufsatztitel etc. sind dabei nicht in der Fußnote mit zu nennen, diese ergeben sich aus dem vollständigen Literaturverzeichnis am Beginn der Arbeit. Auch Gerichtsentscheidungen sind stets mit der Zitatstelle und der Anfangsseite aufzuführen, sofern es sich um amtliche Sammlungen handelt, ist auch der Band der jeweiligen Entscheidungssammlung zu nennen, Beispiel: BGHZ 87, 27 (31) bzw. bei Zeitschriften ist in Kurzform die Zeitschrift nebst Jahrgang mit zu nennen, Beispiel: BGH NJW 1984, 233 (235).

Datum und Aktenzeichen der Entscheidung gehören nur dann in eine Fußnote, wenn es sich um eine unveröffentlichte Entscheidung handelt, die daher nicht in amtlichen Sammlungen oder Zeitschriften aufgesucht werden kann.

Regelmäßig sind fremde Gedanken in indirekter Rede zu zitieren, wörtliche Zitate sind allenfalls dann zulässig, wenn es um die wörtliche Aussage des jeweiligen Verfassers geht.

Achtung: Bedenken Sie stets beim Zitieren, dass die Verfasser jener Gedanken niemals Ihren Fall vor Augen gehabt haben. Unterlassen Sie daher fallbezogene Zitate. Sie können nur abstrakte Rechtsfragen mit einem Zitat belegen, niemals sachverhaltsbezogene Darstellungen.

Vermeiden Sie es, die Fußnoten unnötig auszudehnen, indem Sie sämtliche Vertreter einzeln aufführen, sondern fassen Sie zusammen, indem Sie ein Werk herausgreifen, das möglichst viele Vertreter seinerseits zitiert, z. B. einen Großkommentar, der nach der jeweiligen Zitatstelle mit dem Zusatz "mit weiteren Nachweisen" (abgekürzt: m.w.N.) versehen wird.

Für Abkürzungen sind die in KIRCHNER, Abkürzungsverzeichnis der Rechtssprache, aufgeführten Abkürzungen zu verwenden. Sofern Sie weitere, dort nicht enthaltene Abkürzungen benutzen, ist zusätzlich die Erstellung eines Abkürzungsverzeichnisses unerlässlich.

Als Literatur für das Anfertigen von zivilrechtlichen Hausarbeiten wird dringend empfohlen

Oelmüller/Peters
JURISTISCHE GRUNDKURSE
Band 13
Die erste Zivilrechtshausarbeit

mit diversen Musterhausarbeiten, Tipps und Hinweisen.

Die Klausur

Eine Klausur besteht aus Deckblatt, Sachverhalt und Text der Arbeit. Die vorstehenden Hinweise gelten insoweit entsprechend, jedoch werden naturgemäß bei Klausuren keine fremden Gedanken verwendet!, so dass Fußnotenapparat etc. entfallen kann. Bei der handschriftlichen Abfassung einer Klausur ist auf Lesbarkeit der Schrift dringend zu achten! Es empfiehlt sich darüber hinaus, die Seiten nur einseitig zu beschreiben, da ein Auswechseln der Seiten so erleichtert wird, falls man beim Schreiben feststellt, dass die eine oder die andere Darstellung in der Klausur durch eine neue zu ersetzen ist. Eine Gliederung in einer Klausur ist nicht zwingend erforderlich, jedoch zweckmäßig.

Zur **Klausurvorbereitung** wird empfohlen:
Rauda / Zenthöfer, 25 Fälle Bd.1, BGB AT (Klausuren mit gutachtlich abgefassten Lösungen)

Beispiel für eine Gliederung in einer Hausarbeit (Auszug):

Beispiel für ein Literaturverzeichnis (Auszug):

I. ***Kommentare***

Palandt, *Bürgerliches Gesetzbuch, 69. Aufl., München 2010, zitiert: Palandt-Bearbeiter*

....

....

II. ***Lehrbücher***

Rüthers, Bernd *Allgemeiner Teil des BGB, 16. Aufl., München 2009*
Stadler, Astrid

....

....

III. ***Einzeldarstellungen:***

1. Aufsätze:

Kellmann, Christof *Grundprobleme der Willenserklärung, JuS 1971, 609*

....

2. ***Festschriften:***

....

Beispiele für Zitierweise in Fußnoten:

1) Palandt/Heinrichs, § 108 Rn. 8
2) Rüthers / Stadler, § 17 Rn. 16
3) BGHZ 87, 27 (31)
4) Kellmann, JuS 1971, 609 (611)

Index

Außerdem erschienen im Richter Verlag

25 Fälle

- Band 1 BGB- Allgemeiner Teil
- Band 2 Klausurentraining Schuldrecht
- Band 3 Sachenrecht
- Band 4 Verwaltungsrecht
- Band 5 Strafrecht AT
- Band 6 Strafrecht BT
- Band 7 Staatsorganisationsrecht
- Band 8 Grundrechte

Streitstände *kompakt*

Band 1 Strafrecht AT
Band 2 Strafrecht BT
Band 3 BGB AT / Schuldrecht AT
Band 4 BGB Schuldrecht BT
Band 5 BGB Sachenrecht
Band 6 Verwaltungsrecht
Band 7 Staatsrecht

sowie

60 GRUNDFÄLLE zum SCHULDRECHT

SCHULDRECHT kompakt

Grundkurs Insolvenzrecht

WIRTSCHFTSWISSENSCHAFTLICHE GRUNDKURSE

- Makroökonomik
- Mikroökonomik
- Finanzierung
- Kostenrechnung
- Buchführung
- Übungsbücher

Kostenrechnung
Makroökonomik
Mikroökonomik